ARTE, EDUCACIÓN
Y PENSAMIENTO DIGITAL:
EDUCAR, CREAR Y HABITAR EN LA QUINTA PARED

— *Colección Comunicación y Pensamiento* —

ARTE, EDUCACIÓN Y PENSAMIENTO DIGITAL:
Educar, crear y habitar en la quinta pared

Coordinador

Martín Caeiro Rodríguez

Autores
(por orden de aparición)

Martín Caeiro Rodríguez
Alfonso Da Silva López
Irma Fuentes Mata
Ana María Martín López
Mª Victoria Márquez Casero
Esther Pérez-Fermenía
Mar Iglesias-García
Mª Dolores Callejón-Chinchilla
José-Pedro Aznárez López
Alaitz Sasiain Camarero-Núñez
Estibaliz Aberasturi Apraiz

EGREGIUS
ediciones

ARTE, EDUCACIÓN Y PENSAMIENTO DIGITAL: Educar, crear y habitar en la quinta pared

Ediciones Egregius

www.egregius.es

Diseño de cubierta e interior: Francisco Anaya Benitez

© Los autores

1ª Edición. 2018

ISBN 978-84-17270-64-3

ÍNDICE

PRESENTACIÓN

La relación de los artistas y educadores de arte con la tecnología ha sido un diálogo permanente, adaptando, amplificando y modificando procesos, didácticas, metodologías y contenidos para dar entrada a lo contemporáneo tecnológico. Como expresaría Giorgio Agamben en el año 2008, al preguntarse ¿qué significa ser contemporáneo?, lo contemporáneo es "una relación singular con el propio tiempo". Este es uno de los objetivos de todo artista o educador: situarse junto al alumno o el espectador en el momento presente. Y si algo caracteriza a la tecnología es su permanente actualización, una metamorfosis constante que empuja a todo lo demás al cambio y a la muda: profesiones, ocupaciones, conceptos, relaciones. La pantalla digital representa una quinta pared que nos invita a vivir experiencias presenciales, inmersivas o semiinversivas en las que los procesos de creación y educación artística se ven amplificados, sin por ello tener que olvidar lo sensitivo, corporal y multidimensional que caracteriza al alumno y al arte.

En este monográfico se presentan experiencias, proyectos e ideas generadas en torno a la interrelación del arte con la educación y el universo de lo digital. En los diferentes capítulos, los autores hablan: de las aplicaciones digitales (Apps) y de sus aportaciones a la creación artística (sonora, videográfica, pictórica, gráfica...), de experiencias de aula artísticas que incorporan smartphones y tabletas digitales a los procesos y metodologías, de experiencias y propuestas que se sitúan entre lo físico y lo virtual, de educar con los medios digitales y educar en los medios digitales, de la incorporación de la Realidad Aumentada a los proyectos artísticos, de las ventajas de trabajar en el aula con una radio online, el Stop Motion o las Redes Sociales, aportando, además, una mirada crítica que pone en perspectiva el universo educativo del arte y el mundo digital.

Todo ello, supone un viaje artístico y didáctico en el que se ilustran las innumerables posibilidades que ofrece lo digital al aula de arte. Los autores apuestan por una educación en la que lo digital y lo analógico se enlacen, lo físico, biológico y virtual converjan para generar una enseñanza y un aprendizaje artísticos *del propio tiempo*.

Martín Caeiro

LA QUINTA PARED O MATRIZ DIGITAL Y LA EDUCACIÓN ARTÍSTICA. REFLEXIONANDO EL APRENDIZAJE MIXTO Y MÓVIL DESDE EL ARTE

Dr. Martín Caeiro Rodríguez
UNIR-Universidad Internacional de La Rioja

Dr. Alfonso Da Silva López
UNIR-Universidad Internacional de La Rioja

Resumen

En este artículo nos introducimos en la interrelación que se produce entre educación, arte y competencia digital. En una primera parte, analizamos y reflexionamos los modelos que relacionan la educación y lo digital (*e-learning, b-learning, m-learning y u-learning*) y las ventajas e inconvenientes de introducir entornos y herramientas digitales en el aula de arte combinando experiencias offline y online. Esto implica diferenciar entre educar con los medios digitales y educar en los medios digitales al ser ambas acciones objetivos y contenidos de la educación artística. En la segunda parte describimos las características perceptivas de la web 2.0 y las expresivas de la web 3.0, e identificamos APPS ideadas específicamente para trabajar la percepción y la creación artística. En todo este recorrido por lo que hemos denominado como la quinta pared o matriz digital, el universo online-offline que articula el modelo de Aprendizaje Mixto y Móvil, se manifiesta como apertura a un espacio no sujeto a las leyes físicas y a un modo de conexión, que bien utilizado, puede favorecer el desarrollo cognitivo, la creatividad, el pensamiento digital y los aprendizajes artísticos haciendo del aula, del alumno y de nosotros como docentes, vehículos de algo emocionante y contemporáneo.

Palabras clave

Educación Contemporánea, Pensamiento Digital, Aprendizaje Mixto, Aprendizaje Móvil, Educación Emocionante.

1. Introducción: educar online y offline desde el arte

Vivimos una "cuarta revolución industrial" (Schwab, 2016) basada en la unión e interacción de sistemas físicos, sistemas biológicos y sistemas digitales. La llegada de lo digital y las TIC provocó un gran cambio en relación con los procesos de información y comunicación (Bartolomé, 1997), afectando al modo en el que generamos y compartimos conocimiento. La relación de los artistas y educadores de arte con la tecnología ha sido un diálogo histórico y permanente, adaptando, amplificando y modificando procesos, didácticas, metodologías y contenidos para dar entrada a lo contemporáneo tecnológico. Como expresaría Agamben (2008) al preguntarse ¿qué significa ser contemporáneo?, lo contemporáneo es "una relación singular con el propio tiempo". Este es uno de los objetivos guía de todo educador: situarse junto al alumno en el momento presente. Y si algo caracteriza a la tecnología es su permanente actualización, una metamorfosis constante que empuja a todo lo demás al cambio y a la muda: profesiones, ocupaciones, conceptos, relaciones. No podemos obviar que la pantalla digital, ya sea la de una tableta, un smartphone o una pizarra, representa una quinta pared en el aula que nos invita a vivir experiencias diversas: presenciales, inmersivas o semi-inmersivas en las que los procesos de creación y educación artística se ven amplificados sin que por ello tengamos que olvidar lo sensitivo, corporal y multidimensional que caracteriza al arte y su experiencia.

La relación entre educación artística y universo digital, como veremos, pasa por propiciar vivencias en contextos donde lo computacional y lo fenomenológico dialoguen. En este modelo de educación online y offline que necesita el arte es preciso diferenciar lo que es útil y oportuno a la docencia (didáctica, metodología, estrategias y estilos de enseñanza) y, por otro lado, lo que es oportuno y necesario al aprendizaje artístico. En este sentido, al pensar las pantallas digitales y la "cuarta revolución industrial" en educación, ¿hablamos de cambio de modelo pedagógico, cambio en el modo de aprender o cambio en la forma de enseñar? En el caso del arte y de su formación, se manifiesta como tarea imposible encarar la enseñanza y el aprendizaje de lo artístico enteramente desde el universo digital o modelo e-learning que nos llevaría al Arte Digital o Arte del Móvil exclusivamente.

Nuestro objetivo será comprender la relación más idónea entre el arte, lo digital y su educación, analizando las posibilidades que nos ofrece la quinta pared o matriz digital y los diferentes modelos pedagógicos existentes (*e-learning, b-learning, m-learning y u-learning*). Para ello, situaremos entre las competencias digitales del educador de arte el trabajar con los medios como contenedores de aprendizajes y educar en los medios como un contenido propio del área; a partir de ahí, diferenciaremos una *web perceptiva* que ha evolucionado hacia una *web expresiva* e identificaremos aplicaciones inspiradas en los procesos de educación y creación artística con los que trabajar en un modelo mixto, móvil y ubicuo que nos haga ser docentes de lo contemporáneo.

2. La quinta pared en el aula de arte

En el teatro las acciones ocurren mayormente dentro de tres paredes: una a la izquierda, una a la derecha y una al fondo. Se denomina "cuarta pared" o "cuarta pantalla" a la que estaría entre la escena y el espectador. Esto también se aplica a un plató de televisión o a una sala de cine. Es una pared invisible y simbólica cuya ausencia permite estar viendo lo que acontece en escena. Es un espacio que separa la vida real de la vida de los personajes. Si un actor se dirige al público o interactúa con los espectadores, entonces se dice que se está "rompiendo la cuarta pared". Hemos tomado esta metáfora para situar en el contexto del aula esta quinta pared digital y el espacio virtual que rompen con las condiciones físicas y presenciales. Las preguntas que como docentes nos hacemos son: ¿para qué sirve esta quinta pared? ¿qué puedo hacer didáctica y metodológicamente con estos aparatos y dispositivos en el contexto educativo del arte? ¿a dónde puedo ir con ellos? ¿me interesa ir hacia ahí? ¿qué necesita la educación artística de lo que ofrece esta matriz digital?

2.1 Educar con los medios y en los medios digitales es competencia del educador de arte

De las competencias clave (BOE, 2015b), la competencia digital se convierte en el aula artística en un aprendizaje doble a atender por el docente. Algunas de las características de los recursos digitales (Tabla 1) se convierten en parte del contenido y no solo son un continente para situar otros temas, competencias o aprendizajes como ocurre en las materias sociales, lingüísticas o científicas. Aprender a hacer vídeos, fotografías, audios, a analizar la gramática de las imágenes, a cómo se configura y transmite visualmente el pensamiento... son cometidos del área artística, tanto en Primaria como en Secundaria (BOE, 2014, BOE 2015a). Las imágenes pueden ser un recurso educativo que favorecerá la comprensión de otros contenidos (ilustraciones, esquemas, gráficos...), y pueden ser contenido educativo en sí: se puede trabajar la imagen para desarrollar un gusto estético o un aprendizaje de la Historia del Arte, comprender la gramática de la imagen, crear un anuncio publicitario articulando texto e imagen... Y esta doble competencia, educar el contenido y el continente de los medios, se ha trasladado de lo analógico (vídeo, fotografía...) al contexto de lo digital (PDI, Smartphone, Tableta). En el caso del arte, además de enseñar a los niños a utilizar estas herramientas, aprenderán a percibir, expresarse y a hacer "arte" con ellas.

Tabla 1. Características Didácticas de los medios digitales

CARACTERÍSTICAS DIDÁCTICAS DE LOS MEDIOS DIGITALES	
Generalización	**Especificidad del Arte**
Sirven como guía para el aprendizaje	Son en sí mismos "aprendizaje"
Facilitan la accesibilidad	
Permiten desarrollar diferentes habilidades.	Trabajan habilidades técnicas al mismo tiempo que habilidades creadoras: el fin no es conocer mecánicamente el medio, sino construir conocimiento visual audiovisual…con él
Despiertan la motivación	
Fomentan la creación y no solo el consumo.	Las materias artísticas hacen más interesantes estas creaciones y educan en un consumo (recreación) estético de las imágenes más enriquecedor
Proporcionan un entorno de expresión	Aparte de aprender a expresarse con diversos lenguajes (iconográficos, videográficos, audiovisuales…) aprenden la gramática de la imagen educando en una percepción crítica de los medios y de su consumo
Admiten la integración de varios recursos (fotografía, vídeo, grabadora, etc.).	

ALGUNAS DIMENSIONES DE LA COMPETENCIA DIGITAL	
Dimensión	**Descripción**
Competencia informacional	Saber plantear un problema de información, buscar, acceder, gestionar, organizar, **crear** y difundir, etcétera
Competencia informática	El uso de las herramientas y dispositivos electrónicos, ya sea una computadora, un móvil, pero también una **cámara fotográfica, de vídeo**, etcétera.
Alfabetizaciones múltiples	Ser competentes en los múltiples lenguajes, ya no sólo el tradicional lenguaje escrito, sino también **en el sonoro y visual**
Una competencia cognitiva genérica	De carácter **transversal** al resto de las competencias, que nos permita seleccionar de toda la información de la que disponemos, aquella que sea relevante y convertirla en conocimiento.
Ciudadanía digital	La preparación para un mundo donde está siendo superada la dicotomía entre **mundo "real" y el "online"**.

Fuente: Elaboración porpia a partir de Adell (2008, 2011)

Por eso, la competencia digital, con sus características y dimensiones (Adell, 2008, 2011) encontró su mejor desarrollo en el contexto educativo del arte (Tabla 1), dada la naturaleza de los procesos artísticos que aúnan lo procesual y lo conceptual, y donde el alumno es el centro del aprendizaje al trabajar por proyectos personales.

3. Modelos educativos contemporáneos y Arte

3.1 E- Learning, B-Learning, M-Learning y U-Learning

Derivadas de los avances tecnológicos y reflexionadas desde diversas teorías del aprendizaje (Tabla 2), han surgido en los últimos años nuevos conceptos y modalidades educativas: *electronic-learning, blended-learning, mobile-learning ubiquitous-learning.*

El *b-learning* (Duart et alt, 2008: 227) o "formación híbrida" es aquella en la que las posibilidades formativas que ofrece la actividad presencial y la no presencial aparecen como un continuo integrado e inseparable. El *b-learning* se define así como un proceso o un método de aprendizaje mixto o híbrido en el que se integra el entorno online propio del *e-learning* con los métodos y procesos didácticos físicos: intervenciones en clase, seminarios, puestas en común, o en el caso del arte, trabajo de campo, apuntes "del natural", experiencias gráficas, plásticas, pictóricas, escultóricas, montajes de instalaciones, visitas a exposiciones, etcétera, que exigen la experimentación y la presencia física del alumno, del docente o de ambos. En este modelo formativo mixto, destaca la capacidad que genera la red de posibilitar que las actividades puedan continuarse más allá del espacio y el tiempo presenciales. El *b-learning* "permite solucionar una de las mayores críticas que se hacen al e-learning que es la ausencia de un docente no virtual tanto en las actividades como en la acción de intercambio de contenidos y experiencias que normalmente es la causa del alto porcentaje de abandono del proceso de aprendizaje" (Bajardi, 2015: 118). El *b-learning* no descansa en un único modelo de aprendizaje, sino más bien, supone un enfoque ecléctico orientado a la reflexión crítica como componente principal (Vera, 2008, citado por Estrada, 2014). El aprendizaje mixto hace uso de las ventajas de la formación en línea y la formación presencial, combinándolas:

> De acuerdo con Patete y Rodríguez (2006), el blended-learning permite diversificar las metodologías que se usan en la enseñanza tradicional con las del e-learning, dando como resultado una multiplicidad de técnicas que enriquecen y facilitan el aprendizaje: hay actividades presenciales sincrónicas (clases cara a cara, laboratorios, estudios de campo), también se dan actividades en línea sincrónicas (chats, encuentros virtuales, recepción de eventos en vivo), además, se usan actividades en línea asincrónicas (foros de discusión, lecturas, interacción con contenido digital).

Por lo tanto, el blended-learning busca utilizar más de un medio (presencial o en línea), para lograr los objetivos de aprendizaje. (Citado por Estrada, 2014).

Tabla 2. Teorías del aprendizaje y matríz digital

TEORÍAS DEL APRENDZAJE Y TECNOLOGÍAS DIGITALES		
TEORÍA	**APORTACIÓN**	**REFLEXIÓN DESDE EL ARTE**
Conductismo	-Atención de ejercicios de tipo mecánico con retroalimentación inmediata	-Atención a la influencia de las imágenes de la cultura de masas en la conducta del alumnado -No sólo se reflexiona en relación a "tareas" sino también a "comportamientos" individuales y sociales
Constructivismo	-Atención a la construcción de los conocimientos basada en el esfuerzo individual (por ejemplo: exploración de bibliotecas virtuales, estudios de caso, entre otros.)	-Es uno de los modelos que más han aportado valor a la educación artística. -El aprendizaje personalizado surge del aprender individualmente al desarrollar proyectos personales, de temas voluntarios, deseados... -El aprendizaje artístico también se construye en grupo, tiene una componente social y afectiva que se incorpora a la "obra de arte".
Cognitivismo	-Atención a las estrategias de aprender a aprender y capacidad investigativa de los estudiantes	-La cognición y el arte van de la mano, ya que todo proceso de creación artística implica un "conocer" por parte del alumno -En el arte no todo es "pensar" o "conocer". El "crear" adquiere protagonismo.
Humanismo	-Atención a diferencias individuales y al trabajo colaborativo (por ejemplo: estilos y ritmos de aprendizaje).	-Es lo que da sentido a todo lo demás. En ocasiones algunas teorías parecen confundir al niño con un ordenador o una estadística olvidando que es un ser humano complejo, que no solo piensa, si no también siente, se emociona. -En el caso del arte debe cultivarse y alimentarse tanto la socialización como la individualidad. -En arte tan importante es el logos como el pathos del niño, lo patológico también es, para el arte, una componente académica.
Conectivismo	**Por teorizar**	-Permanente umbilicación electrónica. -Tecnopatías del sistema educativo, del docente y del alumnado. -Sin electricidad ¿se sabe "enseñar" o "aprender"? -La educación depende de la presencia y existencia de recursos, no del saber humano. -Nuevos síndromes y patologías individuales y sociales (nomofobia, infoxicación...) por resolver.

Fuente: Modificada a partir de Estrada (2014) incorporando el conectivismo.

El Aprendizaje Mixto sería parte de un proceso de combinación más amplio que el de usar o no las TIC. Se plantearía entre distintos pares dicotómicos a combinar (Aiello y Willem, 2004: 21-26), y donde tendría más o menos protagonismo una u otra actuación en relación a lo que se esté enseñando o aprendiendo, creando o conociendo (Tabla 3).

El *mobile learning* o aprendizaje "móvil" surgió gracias a la aparición de dispositivos cada vez más pequeños, livianos y fáciles de trasladar, que permiten que el aprendizaje y la enseñanza puedan darse en cualquier momento y en cualquier lugar.

Por último, encontramos el denominado *ubiquitous learning* o "aprendizaje ubicuo", que propone una enseñanza basada en el contexto en el que se encuentran inmersos los estudiantes y/o profesores.

Todos estos modelos (*e-learning, b-learning, m-learning, u-learning*) obligan a reflexionar en todas las áreas de conocimiento la tecnología en la educación y el sentido pedagógico que tiene esta matriz digital "transportable" y "ubicua". Desde el punto de vista del educador de arte, ya no deberíamos estar hablando de la razón o sentido de incorporar las TIC a la educación (ese debate empezó hace más de 20 años), sino de las Tecnologías para el Aprendizaje y el Conocimiento (TAC), pensando como docentes (Roser, 2011), ya no en "dispositivos", sino qué aprendizajes, para qué conocimientos, para qué experiencias artísticas. En este caso: ¿qué interesa al arte?

Fumero (2010) lo define como "una escuela en el bolsillo". Tanto la *tableta* como el *smartphone* se han convertido en los dispositivos tecnológicos de mayor impacto de los últimos años. La UNESCO especifica que el aprendizaje móvil implica la utilización de dispositivos móviles con el objetivo de facilitar el aprendizaje formal e informal en cualquier momento y lugar. O'Malley et. al. (2005) definen el *m-learning* como cualquier tipo de aprendizaje que se produce cuando el alumno no se encuentra en una ubicación fija y predeterminada. En el caso del arte, preferimos utilizar el término *moving* (entre cuyas traducciones encontramos "emocionante, movedor, movedizo, motor") ya que *mobile* ha terminado por comprenderse y asociarse al "dispositivo" en sí, y no tanto a la forma de educarse (enseñar, aprender). El término *mobile* en eventos como *Mobile World Congress* hace referencia claramente a los "aparatos" y a sus experiencias. En ambos casos (mobile o moving), el *m-learning* se caracteriza por permitir conectarse lejos de los límites físicos de un aula tipo. Además, el *b-learning* asociado al *m-learning* favorece la personalización del aprendizaje ya que se pasa de la atención de lo que se ensaña a la atención sobre el que aprende (Harvey y Knight, 1996).

Tabla 3. Aprendizaje mixto y educación artística

DICOTOMÍAS IDENTIFICADAS EN EL MODELO DE APRENDIZAJE MIXTO			REFLEXIÓN DESDE EL EDUCADOR DE ARTE
LO FÍSICO		LO DIGITAL	El arte es representación y presentación, trabaja con lo virtual, con matrices y con objetos, para el arte lo digital es un espacio más para trabajar en la representación del conocimiento
Presencialidad		No presencialidad	El arte transforma lo presencial en virtual y lo virtual en presencial, actúa en la interfase
Centrado en la enseñanza y el profesor	VERSUS	Centrado en el alumno y el aprendizaje.	La educación artística parte de diversos centros y no es necesariamente unidireccional, puede ser rizomática, bidireccional, adventicia; procura la intersubjetividad entre alumno-alumno, alumno-profesor.
Transmisión de conocimiento		Desarrollo de capacidades	No hay desarrollo de capacidades artísticas si no hay "recogida" significativa de conocimiento
Cultura escrita		Cultura audiovisual.	En arte el concepto de escritura está amplificado más allá de lo alfabético: escritura iconográfica, pictográfica, audiovisual... que implica también la consideración de lenguajes visuales, audiovisuales, gramáticas de la creación...
Uso tradicional de tecnologías (pizarra, libro, etc.)		Uso de nuevas tecnologías (video digital, Internet, ordenadores, etc.)	Todos los procesos, soportes, técnicas son elegibles para la materialización del aprendizaje, aunque no lo sean tanto desde el punto de vista de la enseñanza. En la edad contemporánea surge el género de la instalación en el que cualquier medio, lenguaje, soporte... puede generar sentido. Aquí, la matriz digital amplifica y complementa lo corporal.

Fuente: Modificado a partir de Aiello y Willenl (2004)

3.2 Aprendizaje mixto y móvil en educación artística

En educación artística, debemos entender por "modelo mixto" (*b-learning*) el que articula experiencias corporales con experiencias digitales, aprendizajes físicos con otros digitales generando un conocimiento multidimensional, multimodal e interfásico. El arte desde Altamira o Lascaux ha generado una experiencia de diálogo entre mundos virtuales, matriciales, representativos y mundos presenciales. El método *b-learning*, de forma positiva para el educador de arte piensa experiencias para otros sentidos no visuales, en las que se articule lo digital con la complejidad de las dimensiones físicas, lo que puede ocurrir en el mundo virtual con lo que ocurre en el mundo "real". Es un aprendizaje mixto en el que el docente y el grupo son tan importantes como el alumno, y estos más importantes que la tecnología en sí.

El modelo mixto da soluciones para un aula contemporánea, ya sea en la educación preuniversitaria o universitaria (Tabla 4). En las titulaciones y materias de carácter artístico, suele predominar en conjunto lo práctico sobre lo teórico. En los estudios de Bellas Artes, como recuerda Marín (2011), el 80% de los créditos que se imparten suelen ser de tipo práctico y el tipo de trabajos que se realizan (en muchos casos basados en el desarrollo de proyectos personales propuestos por los propios estudiantes), y esto hizo que la llegada del aprendizaje mixto colocase a los estudios de Bellas Artes en una clara situación de privilegio de cara a los cambios y reformas educativas provocados por la irrupción cibernética. Si a un modelo de aprendizaje mixto añadimos ahora la posibilidad de desplazamiento, característico del *m-learning*, las opciones para el arte son interesantes, ya que este puede darse en contextos "vivos" con mayor frecuencia. Visitas a museos, centros de arte, salidas a entornos urbanos o naturales para intervenir artísticamente, responderían a este modelo de "ubicuidad", en el que gracias a los "dispositivos móviles" y a la "portabilidad" de la quinta pared se pueden conectar los aprendizajes con contextos educativos formales e informales (Tabla 4), incluso, aumentar el contenido "presencial" del arte hacia una experiencia educativa *viva y basada en contextos reales*.

4. De la educación perceptiva de la *web* 2.0 a la educación expresiva de la *web* 3.0

4.1 De lo bidimensional a lo tetradimensional

La irrupción de la cibernética y la proliferación de dispositivos digitales que incorporaron pantallas en sus diseños, supuso un cambio en la relación con la información visual, sonora, audiovisual, textual, teórica... e indudablemente provocó un cambio sustancial en la forma de aprender y enseñar arte. Por primera vez en la historia se integraron en el mismo sistema o "tecnología" las modalidades escrita, oral, icónica y audiovisual de la comunicación humana (Castells, 2000, citado por Aiello y Willem, 2004: 23). Esta componente audiovisual nos permite entender todavía mejor por qué algunas de las primeras experiencias de *blended learning* se dieron en campos relacionados con el arte, la imagen, o la comunicación audiovisual. El arte favorece la multialfabetización de la sociedad. En este contexto virtual, una pintura, un dibujo, una escultura, un tatuaje... no difieren mucho de un vídeo o un *selfie* en cuanto al hábito humano de relacionarse con lo ficticio y la representación.

En la *web* 2.0 se agrupan las herramientas por las funciones que permiten llevar a cabo (Marín, 2011): generar contenidos en diferentes formatos (como *Youtube, Flickr*, o *Slideshare*), generar y publicar contenido (blogs, wikis, sitios Web), recuperar información (mediante etiquetado o sindicación), comunicarse y colaborar (redes sociales). También hay que tener en cuenta que en los diferentes modelos educativos que usan la tecnología digital se combinan plataformas no educativas tipo: *Blogger, Youtube, Flickr, SlideShare*, etcétera, con otras sí pertenecientes al entorno académico como *WebCT, Moodle, Wikispaces, Leoteca, Clipit, The Capsuled, Otra Educación*. De todas ellas, las redes sociales son sin duda las que mayor expansión han experimentado en los últimos años, convirtiéndose en un fenómeno que articula a diferentes generaciones y a alumnos con docentes, docentes con docentes... Estas herramientas *web* 2.0 combinadas entre sí permiten generar "Entornos Personales de Aprendizaje" (EPL) útiles a la educación proporcionando un espacio para la construcción colaborativa de conocimiento, incentivando, en principio, la participación activa de los estudiantes y contribuyendo a vincular sus experiencias vitales con su aprendizaje (Marín, 2011).

Desde el surgimiento de la *web* 2.0 el panorama ha cambiado tanto, que hoy hablaríamos de una *web* 3.0 (Wells, 2007): una plataforma de aprendizaje que ofrece una educación inmersiva que combina gráficos interactivos 3D, juegos de video, simulación, realidad virtual, realidad aumentada, cámaras web con los medios digitales y las salas de clase en línea (Peña et al., 2011, citado por Estrada, 2014). En estos entornos digitales los estudiantes pueden interactuar y experimentar en tiempo real, crear y modificar contenidos (Altamirano, 2008).

Tabla 3. Relaciones entre el aprendizaje mixto y móvil y la educación artística

RELACIONES ENTRE APRENDIZAJE MIXTO Y MÓVIL Y EDUCACIÓN ARTÍSTICA		
Blended Learning		Articula lo físico y lo virtual
		Considera al alumno multisensorialmente: todos los sentidos tienen importancia.
		Enlaza lo corpóreo y la visualidad
		Amplifica los recursos enlazando lo analógico y lo digital
		Transforma el aula en un escenario abierto a lo atemporal, multicultural
		En el caso del arte no se refiere solo a recursos o al plano docente, sino también a un modo de actuación pedagógico
		El aula tiene espacios online y offline sin caer en el conectivismo permanente
		Pueden darse experiencias físicas, inmersitas o semiinmersivas.
		El docente y los compañeros del grupo son tan importante como el alumno
Moving/Mobile Learning		Incorpora el movimiento y el desplazamiento al aprendizaje: es "movedor" y "conmovedor"
		Si "mobile" hace referencia al dispositivo o aparato tecnológico, "moving" hace referencia tanto al desplazamiento como a un aprendizaje "emocionante·". Ponemos el foco de atención no en el móvil o dispositivo, si no en el usuario.
		Depende de la tecnología portátil, trasladable a otros contextos fuera del aula
		La portabilidad de un Smartphone o una tableta digital permite generar círculos de aprendizaje en el aula y fuera del aula entorno a las pantallas y su contenido multiplicando las posibilidades en relación a la pantalla única tipo Pizarra Digital (Interactiva o no)
		Permite dar soluciones más inmediatas a preguntas, dudas que surgen durante el aprendizaje y la enseñanza gracias a la conectividad en cualquier momento y en cualquier lugar (Aprendizaje Basado en el Lugar: ABL)
		Lleva al concepto de "educación expandida" donde lo digital y lo físico sigan articulados, pero cambiando de escenario o contexto.
		Al disponer el arte de numerosos contenidos y contextos de aprendizaje, el curriculum se adapta perfectamente a este modelo educativo: Land Art, Instalación, Arte Público, Arte Relacional, Museos, Centros de Arte contemporáneo, Galerías...
		Convierte el aula en portátil, junto a todo su continente y su contenido
		Se caracteriza como Aprendizaje Basado en el Lugar (ABL)
		Las Aplicaciones (APPS), tanto las didácticas como las de creación, posibilitan estar aprendiendo en cualquier lugar
		Integra diversos ambientes durante el aprendizaje
Aprendizaje Mixto, Móvil y Emocionante		En educación artística, enlazar ambos conceptos y modos pedagógicamente es lo ideal. Enlazar lo digital con lo físico y lo biológico (con todo lo que implica esto: cognición, emoción, persona, lugar...) la componente cognitiva del aprendizaje con la ubicuidad del aprendizaje hace que se introduzcan las componentes social y afectiva características de la obra de arte.

Fuente: Elaboración propia

Una de las direcciones claras de la *web* ha sido ir hacia la realidad aumentada y virtual, donde la representación 3D y 4D ha ido ganando protagonismo en la educación (Billinghurst, 2002). Entre las herramientas para el desarrollo de mundos virtuales 3D, destacan *OpenSim*, *SecondLife*, *Cospacesedu* o *The Education District*. En algunos de estos espacios los alumnos y el docente se transforman en avatares, de momento alejados de su identidad biológica y de la complejidad que supone "estar vivos". En este sentido, aplicaciones como *Tilt Brush* (Figura 5), que permiten conservar la identidad, la imagen propia y en la que podemos observar a la persona creando en un espacio de 4D (tres espaciales junto a la dimensión del tiempo) nos deja entrever que las posibilidades de estos espacios, programas, interfaces y aplicaciones ofrecerán al arte y a su educación cada vez posibilidades más valiosas. La Realidad Aumentada (AR) ha sido incorporada a proyectos por un gran número de artistas o gestores culturales, como *Space Vandals* (2010-2011), o la exposición *WeARinMoMA* (2010) de Sander Veenhof y Mark Skwarek, quienes tienen varios proyectos también de Realidad Virtual (VR). También es destacable *The Wrong. New Digital Art Biennale*, proyecto comisariado por Quiles Guilló: "Bienal de arte equivocada, híbrida, independiente, difusa, libre y gratuita", una interfaz digital en la que podemos encontrar todo tipo de obras: gráficas digitales, ilustraciones, animaciones, trabajos fallidos, etcétera.

En todo este universo de acciones y propuestas digitales, debemos distinguir entre las experiencias que incorporan la matriz digital sin salir del aula y aquellas experiencias digitales que ocurrirán fuera del aula aprovechando el carácter portátil de la matriz. En el contexto educativo del arte hay perfiles de estudiantes y docentes que hacen un uso intensivo y muy especializado de las nuevas tecnologías como herramientas de trabajo (Marín, 2011), pero hay acciones, proyectos y procesos de creación (y aprendizaje) en los que no es necesario lo digital, momentos offline deseados. Hay que tener en cuenta que en arte siguen siendo válidas experiencias basadas exclusivamente en las técnicas y procedimientos analógicos propios de las disciplinas de Bellas Artes: dibujo, pintura, escultura, grabado, cerámica, etcétera. Como describe Abad (2010), reflexionando el modelo *blended learning* desde la asignatura de "Introducción al color" del Grado de Bellas Artes:

> Aunque la importancia y trascendencia de estos medios interactivos basados en la red es cada vez mayor, para el aprendizaje artístico tradicional supone un dilema. Culturalmente asumido y organizado a partir de maestros expertos, que, como es lógico, necesitan de la presencia física para el desarrollo de su disciplina. En el campo artístico hay más reticencia a desarrollar propuestas teóricas y prácticas de aprendizaje a distancia, hay menos proyectos si comparamos con otras disciplinas, sin embargo, comienza una lenta introducción desde experiencias variadas: foros, seminarios virtuales, bases de datos e imagotecas, así como proyec-

tos de desarrollo curricular entre instituciones conectadas, redes de colectivos organizados a partir de aportaciones particulares, conexiones del alumnado en formación con sus profesores y la creación de nuevas aplicaciones para el aprendizaje artístico. (Abad, 2010, p. 250).

De no reflexionar el modelo de Aprendizaje Mixto como algo que aúna lo físico y lo virtual y ampliar el concepto "móvil" al "cambio" de entorno, estaríamos hablando de Arte Digital o Mobile Art, reduciendo así la experiencia del aprendizaje y de la enseñanza a un arte exclusivamente en digital (Figura 1). El valor "pedagógico" de lo perceptivo y lo expresivo que aporta un entorno web, en educación artística no puede marcarlo ni condicionarlo la tecnología en sí, por muy contemporánea que sea.

Figura 1. Fotograma vídeo promoción Tilt Brush. Fuente: **https://youtu.be/TckqNdrdbgk**

4.2. Aplicaciones digitales (APPS) inspiradas en la creación artística: entre lo perceptivo y lo expresivo

La oferta de APPS y las posibilidades que actualmente ofrecen para un aprendizaje artístico con lo digital son numerosas, y cada día aparecen nuevas posibilidades. Para dibujar, pintar, fotografiar, hacer *stop-motion*, cómic, diseño, GIF, *time-lapse*, exponer, etcétera. En este contexto, no se trata de lo que se puede hacer con un pincel, un lienzo, unas piedras o unas pinturas, sino desde una pantalla digital y unos recursos asociados como son las Apps. Encontramos innumerables aplicaciones (Tabla 6) inventadas directamente para "percibir" o "crear" arte. Compañías como Google tienen programas y departamentos dedicados al desarrollo de estas aplicaciones, como *Google´s Motion Still* o *appsperiments* (Figura 2), y son muchos los ejemplos de *Mobile Art* que desde hace más de una década nos podemos encontrar. Aquí ya no hablamos de paquetes de software tipo *Adobe Photoshop, Corel Draw,* o *Final Cut*, pensados para entornos más profesionales. Artistas consagrados también se adentran en este universo digital, como David Hockney. quien ha realizado obras digitalmente (Figura 3). Incluso se ha creado un género denominado *fingerpaintings*, obras en las que los artistas utilizan sus dedos para dibujar, trazar, pintar o editar a través de diferentes Apps para Tableta o Smartphone. Otros nombres destacados dentro de este colectivo son Benjamin Rabe, Luis Peso, Xoan Baltar o Richard Shulman. Los propios artistas participan en ocasiones en la creación de estas herramientas como en el caso de Composite, aplicación que permite pintar sobre una secuencia de vídeo en directo.

Tabla 5. Aplicaciones digitales pensadas para la educación y la creación artística

ALGUNAS APLICACIONES DIGITALES (APPS) PENSADAS PARA LA EDUCACIÓN Y CREACIÓN ARTÍSTICA		
APP	**Tipo**	**Descripción**
Daily Art	Perceptiva	Para el aprendizaje histórico de obras de arte
Musée du Louvre, MoMa, Museo Nacional del Prado	Perceptiva	Los museos más importantes del mundo disponen ya de su propia APP para visitar virtualmente sus colecciones. En algunos casos con la aplicación Second Canvas que permite escalar y ver detalles de las obras:
Interaction of Color by Josef Albers	Perceptiva	Esta aplicación se basa en el famoso libro de Josef Albers "La interacción del color" (2017) traduciendo sus enseñanzas a las posibilidades de lo digital. Incluye vídeos pedagógicos: App
Master Pieces: The Curator's Game	Perceptiva	Un juego que permite comprobar lo que sabemos del arte, de las obras y de los artistas que las han creado: vídeo ilustrativo
Study of Pose	Perceptiva	Para la exploración del movimiento del cuerpo humano. Esta APP está conformada por 1.000 posiciones, capturadas desde 100 ángulos diferentes, lo que da como resultado 100 000 mil imágenes en alta resolución, que podemos rotar hasta en 360 grados para examinarlas.
Geo Street Art	Perceptiva	Está dedicada exclusivamente al arte urbano-callejero y permite subir obras de nuestro entorno: APP
Para trabajar la animación y el movimiento	Expresiva	Animation Desk: es una aplicación para la creación de videos cortos, animados. Draw Island: es una herramienta en línea gratuita para la creación de dibujos y animaciones GIF simples. JellyCam: es un programa gratuito para crear películas Stopmotion.
Para pintar, dibujar	Expresiva	Art Set: Permite pintar y dibujar a través de una interfaz de fotografía con herramientas (plumas, lápices, óleos y pasteles) que generan efectos y texturas interesantes. Fabrika; Esta aplicación para hacer pintura digital táctil, genera piezas de arte abstracto. La presión y velocidad aplicada al dibujo da lugar a distintos acabados y texturas visuales; mientras que las diferentes combinaciones de formas, patrones y colores ofrecen estilos y acabados de gran originalidad. También ofrece una opción aleatoria en la que un algoritmo automáticamente mezcla e integra formas caprichosas en coloridos conjuntos. Infinite Painter: Una app para dibujar que ofrece más de 80 pinceles. Sus herramientas están diseñadas para interactuar de una forma real con las texturas del papel digital.

		Prisma: Prisma es un editor de imágenes Inspirado en distintas obras y estilos icónicos de artistas como Piet Mondrian, Vasily Kandinsky, Kanagawa, entre otros, sus filtros ofrecen al usuario la posibilidad de aproximar sus fotografías al arte. Procreate: Se trata de una aplicación de dibujo, pintura e ilustración que ofrece un amplio repertorio de herramientas para realizar desde bocetos hasta ilustraciones con detalle. Brushes Redux: Aplicación inspirada en las técnicas tradicionales de dibujo. ArtStudio: Herramienta de edición de fotografía, pintura y para realizar bocetos. Composite: una app creada por el artista James Alliban que permite pintar sobre una secuencia de vídeo en directo. Dots (Pixel Art): es una aplicación que ofrece una forma sencilla y fácil de crear arte pixel a partir de puntos. Se pueden crear diferentes capas y animaciones en formato GIF
Para fotografiar	Expresiva	Selfissimo; Google experimenta con el reconocimiento de rostros y de gestos para obtener resultados automáticos y creativos. Basta con abrir la app, poner el móvil frente a la cara y realizar diferentes poses: Selfissimo captura cada una aplicándole un efecto monocromo que le otorga cierto aire retro. Se puede guardar cada foto por separado o toda la sesión en forma de collage. Retro Cámara: dentro de las numerosas apps que imitan fotos antiguas, esta destaca por poder escoger 5 tipos de cámaras y hacer una fotografía con un estilo determinado.
Para hacer vídeos	Expresiva	Scrubbies: una app para editar vídeo que permite crear minimetrajes en bucle con el sentido y la velocidad que le otorguemos. Motion: app para hacer stop-motions y time-lapses
Para hacer cómic	Expresiva	Storyboard: aplicación de Google que transforma vídeos en cómics. Crea una historia estática y con aire de cómic de nuestro vídeo.
Para ilustrar	Expresiva	Illustrator Draw: Útil para crear ilustraciones vectorizadas. Cuenta con una amplia variedad de herramientas. Permite crear líneas y curvas perfectas gracias a la regla digital Touch Slide, añadir imágenes de distinto origen y utilizar herramientas como pinceles, la cubeta de pintura, el gotero, las capas... Photoshop Sketch: permite crear dibujos con herramientas de dibujo como si se tratara de un lienzo: lápices, plumas, rotuladores y pinceles, conseguir distintas texturas y efectos de mezcla. Silk 2-Interactive Generative Art: Esta aplicación de arte generativo permite crear diseños complejos. Convierte una pincelada en fractal. Cada pincel ofrece distintas posibilidades para crear patrones geométricos. Trigraphy: Une efectos de fotografía y diseño Contiene efectos base, que a su vez contienen otros efectos para editar con más precisión cada tipo de acabado

Fuente:. Elaboración propia

Figura 2. App "Storyboard" creada por Google. Fuente:
https://play.google.com/store/apps/details?id=com.google.android.apps.photolab.storyboard
&hl=es .

Figura 3. Creaciones con Ipad del artista plástico David Hockney. Fuente:
http://www.davidhockney.co/works/digital/ipad

5. Conclusiones: hacia una educación (artística) emocionante

La quinta pared o matriz digital nos introduce como docentes de arte en una interfaz en la que se aventura la necesidad de establecer un punto de diálogo *offline* y *online*. Educarse exclusivamente para hacer arte digital, o una educación en digital sería como dedicarse a una única técnica escultórica, escogiendo las posibilidades de la piedra para expresarnos. Los modelos *e-learning, b-learning, m-learning* y *u-learning* hacen depender el aprendizaje de la conectividad, la electricidad, la operatividad de los dispositivos... pesando más lo tecnológico que lo patológico, sociológico o psicológico del alumno y del profesor, aspectos que interesan más al educador de arte que lo tecnológico en sí. Al pensar las pantallas digitales en el contexto educativo y esta "cuarta revolución industrial", estamos hablando de cambio de modelo pedagógico, cambio en el modo de aprender y cambio en la forma de enseñar. La educación artística no puede quedarse atrás en esta discusión. Es necesario reflexionar desde el arte y su educación cada modelo identificando lo que como docentes y discentes nos hace ser contemporáneos. Si nos centramos en lo tecnológico digital caemos en el riesgo de reducir lo artístico y el arte a un único modelo y a una única experiencia que prime unos sentidos y experiencias dejando otros fuera, reduciendo la "tactilidad" a la "digitalidad", lo háptico a lo óptico. Cuando la realidad virtual evolucione, sin duda habrá contextos digitales de educación de lo artístico más interesantes y amplios que los actuales, donde aumenten las componentes afectiva, social, estética, creadora, sensorial, perceptual, expresiva que forman parte de la ecuación artística y del arte en general. La transformación progresiva de una *web perceptiva* a una *web expresiva* tiene interés para el arte y su educación. Recordemos que lo que posibilita esta matriz digital es trabajar en una "realidad" no condicionada a las leyes naturales, ni a las estéticas y reglas de lo físico. Bien pensado, lo digital puede favorecer el desarrollo cognitivo, la creatividad, la imaginación... haciendo del aula, del alumno y de nosotros como docentes vehículos de algo emocionante y contemporáneo. Para lograrlo es necesario combinar elementos y entornos físicos, digitales y biológicos que lleven a una educación mixta (*b-learning*) pero también a una *educación emocionante (moving education)* y contextualizada (*u-learning*). Esta combinación permitirá que el arte esté ocurriendo "en tiempo real" mientras se educa. Otro debate es la calidad o interés "artístico" de lo percibido o creado ya sea híbrida, móvil o digitalmente.

Referencias Bibliográficas

Abad Gómez, R. (2010). Aplicaciones Web 2.0 como recursos didácticos interactivos en los estudios de Bellas Artes. Relada 4 (4): 249-256

Adell, J. (2008). Algunas ideas sobre cómo desarrollar la competencia digital en Primaria y ESO. Centro de Educación y Nuevas Tecnologiías Universitat Jaume I. Recuperado de: http://www3.uji.es/~jpuig/Jordi_Adell%20.pdf

Adell, J. (2011). Entrevista realizada a Jordi Adell por Josi Sierra para el proyecto y blog CC-Conocity. Recuperado de: https://youtu.be/tjC1LOC0r1g

Agamben, G. (2008). ¿Qué es lo contemporáneo? Recuperado de: http://19bienal.fundacionpaiz.org.gt/wp-content/uploads/2014/02/agamben-que-es-lo-contemporaneo.pdf

Aguaded, J.I. y Cabero, J. (2002). Educar en red. Málaga: Ediciones Aljibe.

Aiello, M., Willem, C. (2004). El Blended Learning como práctica transformadora. Pixel-Bit. Revista de Medios y Educación (N° 23). pp. 21-26

Altamirano, E. (2008). Ventajas y Desventajas de los mundos virtuales. Recuperado de http://cerv-uag.blogspot.mx/

Arañó, J. C. (2002). Cibermodernidad o La Educación Artística de Pokémon. Arte, individuo y sociedad, pp. 187194. Recuperado de: http://revistas.ucm.es/bba/11315598/articulos/ARIS0202110187A.PDF

Area, M., Adell, J. (2009). eLearning: Enseñar y aprender en espacios virtuales. Tecnología Educativa. La formación del profesorado en la era de Internet. Aljibe, Málaga. págs. 391-424.

Bajardi, A. (2015). B-Learning y arte contemporáneo en educación artística: Construyendo identidades personales y profesionales. (Tesis doctoral).

Barberá, E. (2004). La educación en la red. Actividades virtuales de enseñanza y aprendizaje. Barcelona: Paidós.

Billinghurst, M. (2002). Augmented reality in education. New horizons for learning, 12(5).

BOE (2014) Real Decreto 126/2014, de 28 de febrero, por el que se establece el currículo básico de la Educación Primaria. Recuperado de: https://www.boe.es/boe/dias/2014/03/01/pdfs/BOE-A-2014-2222.pdf

BOE (2015a). Real Decreto 1105/2014, de 26 de diciembre, por el que se establece el currículo básico de la Educación Secundaria Obligatoria y del Bachillerato. Recuperado de: https://www.boe.es/boe/dias/2015/01/03/pdfs/BOE-A-2015-37.pdf

BOE (2015b). Orden ECD/65/2015, de 21 de enero, por la que se describen las relaciones entre las competencias, los contenidos y los criterios de evaluación de la educación primaria, la educación secundaria obligatoria y el bachillerato. Ministerio de Educación, Cultura y Deporte. Recuperado de: http://www.boe.es/boe/dias/2015/01/29/pdfs/BOE-A-2015-738.pdf

Bohoorquez, E. (2008). El blog como recurso educativo. Edutec. Revista Electrónica Educativa, 26. Recuperado de: http://edutec.rediris.es/Revelec2/revelec26/articulos_n26_PDF/EdutecE_Bohorquez_n26%203.pdf

Burbules, N. (2014). Aprendizaje ubicuo: nuevos contextos, nuevos procesos. Revista Entramados – Educación y sociedad, (1),131-135. Mar del Plata, Argentina. Recuperado de: http://fh.mdp.edu.ar/revistas/index.php/entramados/article/view/1084/1127

Caldeiro, G.; Schwartzman, G. (2013). Aprendizaje ubicuo. Entre lo disperso, lo efímero y lo importante: nuevas perspectivas para la educación en línea. Presentado en I Jornadas Nacionales y III Jornadas de Experiencias e Investigación en Educación a Distancia y Tecnología Educativa (PROED) Recuperado de: http://www.pent.org.ar/institucional/publicaciones/aprendizaje-ubicuo-entre-lo-disperso-lo-efimero-lo-importante-nuevas-per

Conde, M. A.; Muñoz, C; J., C., García, F.J., (2010). El mLearning y la revolución de los procesos de aprendizaje, En Revista Iberoamericana de tecnologías del aprendizaje. Vol. 5, no. 4., Edición especial. Recuperado de: http://www.web.upsa.es/spdece08/contribuciones/128_poster_mlearningVF.pdf

De Haro, J. J. (2009). Las redes sociales aplicadas a la práctica docente. Didáctica, Innovación y Multimedia, 13. Recuperado de: http://www.pangea.org/dim/revista13.htm

Del Moral T. Aprendizaje móvil. [Internet]. [citado 19 Feb 2015]. Recuperado de: http://www.utp.ac.pa/documentos/2011/pdf/UTP_en_los_medios_La_Prensa_febrero_2010_a_mayo_2011.pdf

Depover, C., y Orivel, F. (2013). Developing countries in the e-learning era. Paris: IIEP. Recuperado de http://publications.iiep.unesco.org/Developing-countries-the-e-learning-era?filter_name=e-learning

ECURED. M-learning, aprendizaje en cualquier lugar y en cualquier momento. [Internet]. Recuperado de: http://www.ecured.cu/index.php/Aprendizaje_m%C3%B3vil

Escaño González, C. (2010). Hacia una educación artística 4.0. Arte, individuo y sociedad, 22(1), 135–144.

Estrada Lizárraga, R. (2014). Blended-Learning afectivo y las herramientas interactivas de la Web 3.0: Una revisión sistemática de la literatura. En Etic@net Revista científica electrónica de Educación y Comunicación en la Sociedad del Conocimiento. Publicación en línea (Semestral) Granada (España) Época II Año XIV Número 14 Vol. I Enero-Junio((pp. 1-21)

Fumero, A. y ROCA, G. (2007). Web 2.0. Madrid: Fundación Orange.

García, E., Ortega, J. A. (2012). Hacia una enseñanza a distancia emocional: aproximaciones a la práctica de la tutoría virtual afectiva. Las instituciones educativas ante los retos tecnológicos y solidarios de la sociedad del conocimiento. Recuperado de: http://www.grupoteis.com/actasedusoc2012.pdf

Gardner, H. (1993). Estructuras de la mente. Teoría de las inteligencias múltiples. Nueva York: Basic Books.

Hendler, J. (2009). Web 3.0 Emerging. Computer, 42(1).

Iglesias, L. (2012) Mobile ART: apps móviles en el contexto artístico, Blog Mobiel Art. Recuperado de: https://blogmobileart.com/2012/09/20/apps-moviles-en-el-contexto-artistico/

Klaus Schwab, K. (2016). La cuarta revolución industrial. Madrid: Debate

Lifshitz, A. (2009). La importancia del aprendizaje afectivo. (Spanish). Medicina Interna De Mexico, 25(6), 423.

McLuhan, M. (1974). El aula sin muros. Barcelona: Laia.

María J. Vidal Ledo, J. M.; Gavilondo Mariño, X, Rodríguez Díaz, A.; Cuéllar Rojas, A. (2015). Aprendizaje móvil Moving Learning. En Educación Médica Superior. 2015; 29(3): 669-679

Marín García, T. (2011). Experiencia de innovación docente GOUMH: aprendizaje colaborativo en Bellas Artes con APPS de Google (Actas), en Congreso Internacional de Innovación docente. Universidad de Cartagena: Cartagena.

Monterroso, E., Escutia, R. (2011). Educación inmersiva: Enseñanza práctica del Derecho en 3D. Revista Icono 14, Año 9, Vol. 2, (pp. 84-100)

O'Malley, C., et al. (2005). Guidelines for Learning/Teaching/Tutoring in a Mobile Environment. Recuperado de: http://www.mobilearn.org/download/results/public_deliverables/MOBIlearn_D4.1_Fi nal.pdf

Parra, L. A. (2008). Blended Learning. La nueva formación en educación superior. Desarrollo Sostenible y Tecnología. Revista Avances Investigación en Ingeniería. Número 9. Recuperado de: http://www.revistaavances.co/objects/docs/.../a9_art9_blended_learning.pdf

Patete, D., Rodríguez, E. (2006). El blended-learning una nueva manera de adiestrar al Recurso Humano. Recuperado de: http://ri.biblioteca.udo.edu.ve/bitstream/123456789/654/1/TESIS-658.3124_P266_01.pdf

Peña, J. B., Fernández, E. A., Kirillof, S., Tovar, N. (2011). La simulación y los juegos en línea como herramienta para la inmersión educativa. Revista Etic@net. Año IX. Número 10.

Phil Wainewright, P. (2005). Qué se espera de la Web 3.0, ZDNet, Recuperado de: https://web.archive.org/web/20090317095527/http://blogs.zdnet.com/SAAS/?p=68

Roser, L. (2011). De las TIC a las TAC: tecnologías del aprendizaje y del conocimiento. Anuario ThinkEPI, 2011, v. 5, (45-47). Recuperado de: https://dialnet.unirioja.es/servlet/articulo?codigo=3647371

SCOPEO (2011). M-learning en España, Portugal y América Latina, Noviembre de 2011. Monográfico SCOPEO, no 3. Recuperado de: http://scopeo.usal.es/wp-content/uploads/2013/04/scopeom003.pdf

Salazar, J. (2011). Estado actual de la Web 3.0 o Web Semántica. Revista Digital Universitaria. Universidad Nacional Autónoma de Sinaloa. Recuperado de http://www.revista.unam.mx/vol.12/num11/art108/art108.pdf

Siemens, G. (2005). Connectivism: A Learning Theory for the Digital Age. International Journal of Instructional Technology and Distance Learning, 1–8. Recuperado de http://er.dut.ac.za/handle/123456789/69

UNESCO (2013): Directrices de la UNESCO para las políticas de aprendizaje móvil. Organización de las Naciones Unidas para la Educación, la Ciencia y la Cultura. Recuperado de: http://unesdoc.unesco.org/images/0021/002196/219662S.pdf

UNESCO (2014). El aprendizaje móvil. En Las TIC en la Educación. Recuperado de: http://www.unesco.org/new/es/unesco/themes/icts/m4ed/

Vera, F. (2008). La modalidad blended-learning en la Educación Superior. Recuperado de: http://soda.ustadistancia.edu.co/enlinea/eduvirtual/Blended/Documentos/educacion_superior.pdf

Vernet, M. (2014). Aprendizaje móvil. Algunas reflexiones sobre sus características y su puesta en práctica. [Internet]. En Revista Iberoamericana de tecnologías del aprendizaje. Vol. 5, no. 4., Edición especial . Recuperado de: http://blogs.unlp.edu.ar/didacticaytic/2014/05/10/aprendizaje-movil/

VVAA (2010). Una sociedad de movilidad: Nuevas fronteras. TELOS Cuadernos de Comunicación e Innovación, no 83, Abril. Fundación Telefónica. Recuperado de: http://sociedadinformacion.fundacion.telefonica.com/DYC/TELOSonline/SOBRETELOS/ Nmerosanteriores/DYC/TELOSonline/SOBRETELOS/Nmerosanteriores/Nmero83/seccio n=1272&idioma=es_ES.do

VV. AA. (2012). Educación expandida, Díaz, R.; Freire, J. (Ed.). Zemos98, Gestión Creativo Cultural. Org. Recuperado de: http://www.zemos98.org/descargas/educacion_expandida-ZEMOS98.pdf

VV.AA. (2010). Aprendizaje móvil: Tendencias, cuestiones y retos. En Revista Iberoamericana de tecnologías del aprendizaje. Vol. 5, no. 4. Edición especial. Recuperado de: http://rita.det.uvigo.es/201011/uploads/IEEE-RITA.2010.V5.N4.pdf#page=32

Zuñiga, G. y Monguet, J. M. (2001). GIM: tecnología web para la creación de aulas virtuales. Revista Comunicación y Pedagogía, 178: 6266.

CAPÍTULO II

NAVEGAR EN INTERNET O ATRAPADOS EN LA RED. APRENDIZAJE Y PENSAMIENTO ARTÍSTICO A PARTIR DEL USO DE LAS TECNOLOGÍAS DE INFORMACIÓN Y COMUNICACIÓN

Dra Irma Fuentes Mata
Universidad de Valencia

Resumen

Las tecnologías de información y comunicación han estado presentes desde el inicio de la formación en las generaciones que actualmente estudian el grado o la licenciatura en arte. En la mayoría de los casos, por pertenecer a una generación que nació con las tecnologías desarrolladas, algunos las tuvieron en sus procesos escolares, pero casi todos tienen una convivencia cotidiana con las TICs. Los nativos digitales que estudian arte recurren a aprendizajes no estructurados en las redes sociales e internet donde navegan constantemente y lo hacen "como peces en el agua". Van más allá de lo que sus profesores les enseñan e investigan en la búsqueda de su propia propuesta artística.
La metodología para estructurar la ponencia partió de un estudio diagnóstico de los usos de la web realizados a estudiantes de Artes Visuales en Querétaro, México. Se analizaron y caracterizaron algunos de los sitios web a los que recurren para el proceso de aprendizaje y construcción de su pensamiento artístico. Entre los resultados se puede apreciar que los estudiantes pasan más de 16 horas frente a las pantallas de sus móviles, ordenadores, presentaciones digitales, tabletas y otros dispositivos. Recurren a las redes sociales y consultan sitios generales y especializados para construir su pensamiento artístico. Tienen acceso a información e imágenes de manera global, pero requieren de discriminación y concentración para su propia construcción creativa. La discusión se centra en el riesgo de la unificación y estandarización y la falta de una propuesta propia para generar un pensamiento artístico más complejo, a partir de consultar sitios generalizados y repetir estereotipos.

Palabras clave

Aprendizaje artístico, pensamiento artístico, tecnologías, creación artística, artes visuales, metodologías de la formación.

1. Las tecnologías de comunicación en el aprendizaje

El interés por los procesos de aprendizaje en el arte y educación surgió a partir de mi participación en el diseño, coordinación y enseñanza de programas de formación docente con modalidades a distancia, abiertas, virtuales y semi-escolarizadas. Hace ocho años inauguramos la Maestría en Educación Básica MEB en la Universidad Pedagógica Nacional unidad Zacatecas, México (UPN, 2010). Apoyados en la plataforma moddle, elegimos la modalidad b-learning, pues nos permitía alcanzar a una gran población de estudiantes que vivían en comunidades alejadas, pero teníamos la oportunidad de conocerlos presencialmente en ocasiones programadas. Aunque el programa sigue vigente, las cosas han cambiado mucho desde entonces. En el momento que surgían, los educadores de nivel superior y posgrado nos emocionábamos por ser "innovadores" e introducir estas herramientas tecnológicas a nuestro quehacer docente. Pasamos muchas horas planeando, dosificando, distribuyendo y estableciendo objetivos, metas, contenidos, aprendizajes específicos y rúbricas de evaluación. Fue un proceso enriquecedor, interesante, metódico y laborioso, pero desgastante. Finalmente estructuramos en las plataformas educativas lo que nosotros como docentes considerábamos que era bueno enseñar: lo correcto, lo apropiado, lo necesario y lo justificable para determinada formación. Se invirtió una gran cantidad de esfuerzo, tiempo y recursos en búsqueda de la innovación educativa con las llamadas entonces "nuevas tecnologías". Tengo la esperanza de que para alguien esto debió ser provechoso, algunas de esas experiencias se reportan en el informe de investigación (Fuentes, 2011).

Ahora estamos en un momento en el que es claro que el aula no es el único sitio, como espacio geográfico, donde se puede aprender. Se ha cambiado el tiempo, el lugar y la acción del aprendizaje por un espacio virtual, "dando paso a un escenario en el que podemos aprender desde cualquier lugar, en cualquier momento y en cualquier dispositivo" (De Pablo, 2017, p.44). Estamos en la era digital donde los cambios han sido vertiginosos, la educación y, por ende, la formación de artistas, tiene que considerar estos cambios. Entendemos que "las redes son abiertas, capaces de expandirse sin límites, integrando nuevos modos mientras puedan comunicarse entre sí, es decir, siempre que compartan los mismos códigos de comunicación" (Castells, 2000, p.550).

Por otro lado, los estudiantes, que en un inicio eran inmigrantes digitales, comenzaron a hacer un esfuerzo extraordinario para incorporarse, cambiar sus formas de estudio, sus estrategias de aprendizaje y la forma en que los presentaban. Con el paso del tiempo, los nuevos estudiantes, "nativos digitales", como los llama Marc Prensky (2011), nacieron ya con estas tecnologías en sus escuelas y en sus casas, pero hoy los sistemas digitales han pasado a formar un ente más en la familia y ahora se poseen hasta 2 y 3 dispositivos por cada miembro de la familia. Así, un chico de 2 años ya exige su propia tableta, o móvil para estar tranquilo. Más allá de entrar en el análisis sobre las repercusiones de comunicación y aprendizaje que tendrá el uso de dispositivos digitales a temprana edad, reconocemos que los universitarios que estudian artes han encontrado una fuente de información, conocimiento y estrategias que poco tiene que ver con lo que los profesores de educación superior planteábamos hace 10 años.

Iniciamos la investigación Escenarios virtuales para el aprendizaje del arte con el interés de centrarnos en estudiar los procesos de apropiación del conocimiento, o de recuperación de la información de los estudiantes para enriquecer y formar su visión artística, teniendo en cuenta que la formación artística va más allá de las aulas.

El objetivo general de la investigación es caracterizar los escenarios virtuales académicos para el aprendizaje de artes visuales que utilizan los estudiantes de nivel superior. Después de hacer un diagnóstico de los hábitos de uso de las redes sociales y el internet entre los estudiantes de 8vo. semestre y egresados, que habían cursado la materia de seminario de titulación en el grado de Licenciatura en Artes entre 2012 y 2017, pudimos tener un panorama de las prácticas de navegación en la web de los artistas en formación. Este estudio se inició en el contexto de la ciudad de Querétaro, México, y hemos reportado los datos de las prácticas de uso de los dispositivos en otras ponencias, en eventos académicos en el 2017. Como el del VII Encuentro Nacional de Investigación y Documentación de Artes visuales de Cenidiap, INBA, México, y el Encuentro de la Red de Investicreación Artística en Burgos, España, las cuales están en proceso de publicación.

Entre los objetivos específicos de la investigación que comentamos está el de contextualizar el aprendizaje virtual actual en la formación del artista visual. Así, tenemos claro que los estudiantes de arte viven condiciones diferentes a los artistas de antaño, pues actualmente el acceso a la información y a las imágenes es mucho más amplio. Las universidades ahora cuentan con plataformas que permiten el libre acceso, y ya no sólo se consulta en ordenadores, sino cada vez más en los dispositivos móviles desde cualquier sitio.

Partimos de algunas premisas que por ahora consideramos que pueden guiar la reflexión como que:

- El conocimiento en red es múltiple, no hay una sola fuente, no hay linealidad, a veces tampoco hay jerarquías y la autoría se diluye.

- Las imágenes sirven para configurar la visión, el conocimiento, el aprendizaje y la creación artística.

- La experiencia visual o audiovisual entra por los ojos y los oídos directo al cerebro, no pasa por la piel, pero altera al cuerpo.

- Los artistas visuales, ya no se conforman con textos, entre más imágenes pueden ver configuran de mejor manera su bagaje visual.

- El proceso de construcción de conocimientos es complejo y proviene de múltiples vías.

- Se requiere reformular las metodologías para la apropiación y construcción del conocimiento académico y artístico de acuerdo a los nuevos medios y tecnologías en que tenemos acceso a la información.

- Conocer los alcances y posibilidades de la formación virtual permite desarrollar nuevas formas de ofrecer aprendizajes a los futuros artistas.

2. Atrapados en la red

A partir de la encuesta inicial aplicada a 69 estudiantes de artes en la plataforma surveymonkey pudimos obtener un panorama de los usos de los dispositivos y los sitios visitados. Una de las preguntas clave que incluía el instrumento de encuesta se refiere a qué sitios de la red visitan con mayor frecuencia para desarrollar sus trabajos académicos y creativos. Cabe señalar que los estudiantes y egresados han cursado la materia de Seminario de titulación en el último semestre y han llevado un Plan de estudios con un eje de investigación durante todos los semestres de su formación. Por otro lado, se establece un diálogo con los estudiantes a través de los grupos cerrados de facebook, por lo que hay interacción con los estudiantes y egresados, tanto de manera presencial como de manera virtual.

Podemos observar que los estudiantes están en una inmersión total dentro de las tecnologías. Ellos eligen y seleccionan sus medios de aprendizaje de acuerdo a sus necesidades, buscan incansablemente, así sean las 3 de la mañana, si algo les interesa; conviven, comparten y comentan lo que van encontrando en el ciberespacio de la información, aunque mucho de esto no constituya un verdadero conocimiento. Ahora tienen dos tareas: cumplir con lo establecido y previsto por los programas escolares con las actividades planificadas en sus cursos y, por otro lado, buscar sus propios conocimientos que construyan su perfil artístico. Pueden estar navegando muchas horas, invirtiendo su tiempo en encontrar determinados intereses y generar a partir de ello una propuesta artística, o pueden quedar atrapados en la gran red, sin salir de lo que ahí les determina que se vea o se haga. Según los datos del diagnostico (Fuentes Mata, 2017), pueden perder horas mirando memes, leyendo artículos y notas a veces absurdas o quedar atrapados por los mensajes del marketing que no cesa de buscar consumidores on line. Muchos de ellos comparten o reproducen material visual generado por sitios que no tienen nada académico y, en paralelo, comparten sus propias producciones visuales. Si bien no todos se dedican a eso, algunos sí se pierden el mar de basura digital.

Cuando hicimos el diagnóstico inicial, encontramos que los estudiantes pasan 16 horas frente a las pantallas. Sus vidas prácticamente son virtuales y hay una necesidad de expresar, sentir y reproducir lo que se ve en la pantalla. La experiencia corporal y sensorial de los jóvenes está cambiando significativamente, desde la postura del cuerpo, hasta el uso de las habilidades corporales. El cuerpo de los jóvenes se ha vuelto sedentario y la mirada hacia los otros, hacia el exterior, ha cambiado. Dedican más miradas a su móvil o tablet que a ver al compañero que tienen al lado, y si tienen amigos cercanos, pasan horas chateando individualmente o en grupo en cualquiera de las aplicaciones disponibles.

3. El reflejo en el dispositivo, el nuevo Narciso

Entrar en la web a veces es como asomarse al espejo de agua de Narciso. Lo que los jóvenes encuentran en la red y los atrapa, en ocasiones, es su propio reflejo. Inicialmente buscan identificarse con ellos mismos. Por eso una buena parte de su reproducción o producción de imágenes son lo que antes llamábamos auto-retratos y ahora llamamos selfies. Buscan ser aceptados y aceptar a otros dando likes o comentando. Yo veo y quiero que vean mi propia imagen. Pero no sólo es una fotografía, es su imagen en movimiento, con sonido y de preferencia en vivo.

Los artistas que se están formando también han decidido hacer uso de los tutoriales y videos, tanto para adquirir su formación, como para compartir sus saberes. Por un lado, buscan a alguien que les enseñe determinadas técnicas específicas o habilidades a través de un video, o se transmiten ellos mismos elaborando sus obras, haciendo los tatuajes a sus clientes, ensayando para una nueva pieza. En fin, están viviendo y transmitiendo simultáneamente su vida artística, sus exposiciones, sus conciertos, sus coreografías y las comparten de manera permanente.

Los jóvenes artistas tienen múltiples vías de interacción virtual. Están en varias redes sociales simultáneamente y se multiplican cada día. Se dan a conocer en Instagram, Facebook, twitter, youtube, entre otras. Chatean por whatsapp y messenger individualmente, o en grupo, mediante imágenes, memes, fotografías, videos, gifts e incluso algunos comparten alguna noticia de algún diario

En el caso de muchos jóvenes mexicanos se hace gala de elogios, o por el contrario, de burlas, ironías, sarcasmos y hasta insultos. Esto último va dejando una huella de malestar en ellos, al grado de los consabidos extremos del ciberbullyng.

También está quien tiene una veta más política y utiliza estos medios para reproducir hasta el cansancio la propaganda que ahora inunda estos medios, sobre todo en periodos de elecciones como actualmente sucede en México. El sarcasmo o humor negro de los mexicanos es tal, que el gobierno ha impuesto la persecución legal de quienes hacen memes o comentarios que afecten a los políticos y, al no poder contener esta reproducción, han optado por contrarrestar las campañas de la misma manera.

4. Navegar en internet

Los sitios en los que navegan los estudiantes son múltiples. En esta investigación, con el fin de no ahogarnos en el mar de información, nos limitamos a estudiar los lugares que consultan para producir sus trabajos escolares, sus investigaciones y sus creaciones artísticas.

Según la encuesta, a los estudiantes les gusta ver sitios de imágenes poco oficiales, o alternativas, o blogs de artistas, así como páginas de museos virtuales, sitios de universidades e imágenes creadas por otras personas, en otros países, las cuales amplían su forma de entender el mundo y expresarlo.

Los sitios que visitan los estudiantes de arte generalmente los consideran útiles para su aprendizaje o su producción artística. Así, buscan otros espacios para obtener mayor conocimiento como sitios de fotografía, museos, catálogos de ideas, plataformas de programación y trabajo colaborativo. Buscan sitios para descargar y compartir música y material audiovisual; sitios de catálogos de revistas y revistas especializadas, académicas y artísticas, tutoriales, cursos online, comunidades, festivales y encuentros de artistas, así como librerías y bibliotecas digitales de instituciones oficiales y las redes de publicación académica.

También buscan sitios de acceso libre o piratas como Sci-hub que ofrecen las investigaciones sin las restricciones de las instituciones, la cual se mantiene de donaciones y cuyo objetivo es ofrecer y compartir gratuitamente el conocimiento.

Para los estudiantes de artes visuales hay sitios académicos y artísticos que les proveen de información específica para elaborar sus trabajos escolares y, en otros casos, para elaborar su propia propuesta artística. Cabe aclarar que en el plan de estudios que se cursaba hasta el 2017, denominado Licenciatura en Artes visuales, hay dos líneas terminales: Artes Pláticas y Diseño. En el Seminario de titulación se reunían los estudiantes de ambas líneas, aunque su formación tiene un tronco común, hay materias que al final definen su especificidad.

A quienes les interesa la fotografía consultan plataformas de apoyo, catálogos de fotos, plataformas para elaborar portafolios de imágenes como Instagram, Behance, Deviantart, Tumblr, flickr y Cultura colectiva. Las comunidades virtuales en las que participan, "subiendo", enviando o compartiendo sus materiales, les permite participar de comunidades de arte como Draw mix, paint, cultura inquieta, por mencionar algunos. Las plataformas de programación más utilizadas son Cg (C for Graphics lenguaje de programación), Github (plataforma de desarrollo colaborativo para alojar proyectos), Wordpress (sistema de gestión de contenidos enfocado a la creación de cualquier página web), Adobe Latinoamérica. En ellas encuentran acceso para alojar su edición y creación de imágenes

Uno de los sitios más consultados es youtube, no sólo para seguir algún aprendizaje, también para escuchar música o ver algún video de otra índole, incluso películas. En el caso de los sitios de tutoriales, a demás de lo que se encuentra aleatoriamente en youtube, buscan Instructables (cursos de hágalo usted mismo), WikiHow, Adobe Tutoriales, Skull Tatto. Generalmente con los tutoriales compensan algún contenido que no han logrado aprender en las aulas, o que les muestra el procedimiento paso a paso permitiendo detenerlo, repetirlo y manipular el material, teniendo ritmos de aprendizaje individuales.

Encuentran también catálogos en los que se inspiran para elaborar sus diseños como Pinterest (catálogo de imágenes, organizador de ideas y proyectos) y DesignInspiration. (catálogo de ideas de diseño). Por su parte, los catálogos de imágenes o ideas para "hacer" son muy visitados.

Los diversos espacios son consultados indistintamente y los estudiantes pueden invertir muchas horas siguiendo tutoriales y cursos on line para complementar conocimientos que consideran que les hace falta, como cursos para hacer tatuajes, o cursos de manejo de técnicas del oleo. También, si hay una oferta de invitación en internet a cursos presenciales que se comparten, acuden específicamente a tomar lo que necesitan.

Algunos de los estudiantes prefieren estudiar cursos en línea y acuden a sitios como Domestika, Crehana (comunidad educativa para creativos), creaturarteacher (cursos de animación), pintar-al-oleo.com, o escuelas en línea como Fine Art Academy o la de Michel James Smith Art School. En algunos de ellos, sólo basta con bajar la aplicación y suscribirse.

Al analizar cada uno de estos sitios encontramos que hay diversidad de espacios que sirven para situaciones de aprendizaje diferente. Hay lugares para adquirir conocimientos académicos en bibliotecas virtuales institucionales y lugares de reconocida calidad académica, así como catálogos de revistas arbitradas. Algunas de las revistas de arte y diseño que consultan en línea son Juxtapoz magazine (revista de ilustración, diseño y arte). Las plataformas de diseño, como Github y Arduino, son un recurso académico que resuelve en parte sus deberes escolares y su posible inserción a la vida profesional.

Existen también sitios académicos que brindan materiales de consulta digitales que les permiten adquirir un bagaje de conocimientos más estructurado y legitimado en las universidades. Los estudiantes consultan tanto catálogos de revistas como: DIALNET (sistema abierto de revistas en español, especializado en ciencias humanas y sociales), Scientific Electronic Library Online (scielo es un sitio donde se comparten artículos de 1249 revistas), Biblioteca Virtual de la UNAM, Conricyt, (Consorcio nacional de recursos de información de Conacyt) y World Wide Science. Generalmente las instituciones universitarias tienen acceso a las bibliotecas digitales donde se pueden consultar revistas y libros de interés específico para la investigación, con acceso controlado o de pago, sin embargo, los estudiantes son poco asiduos a asistir a las bibliotecas de manera presencial y se conforman con lo que está al alcance de su dispositivo, sin hacer uso de las amplias posibilidades de materiales que les pueden proporcionar mayor información.

También visitan lugares poco formales y sin ningún filtro académico que son los que más distraen su atención y hacen que muchos estudiantes naufraguen sin sentido. Lo que se alcanza es el entretenimiento y no el aprendizaje. Pese a que una de las preguntas a los estudiantes era: ¿qué sitios utilizan para hacer sus trabajos escolares y de investigación?, las respuestas, en general, muestran que los sitios que visitan no están muy relacionados con sus procesos de investigación académica. Sus necesidades son más técnicas que investigativas. Es decir que, como estudiantes o recién egresados de la licenciatura en arte, a la mayoría le interesa más la producción o creación que la investigación. Sin embargo, aquellos que necesitan información específica lo hacen en sitios con reconocimiento académico, ya sea en catálogos indexados o en bibliotecas de universidades nacionales con un prestigio reconocido.

5.Resistir al canto de las sirenas

Aunque se tiene una gran variedad de información, prefieren centrarse en la amplia gama de imágenes, los textos a los que recurren o lecturas con contenidos para reflexionar son mínimos. Las imágenes atrapan como el canto de las sirenas, y hacen que se pierda el objetivo ya sea para la producción creativa o para la investigación artística.

Esto nos genera una preocupación, si están constantemente observando imágenes que son repetidas, compartidas sin cesar, se puede correr el riego de tener modelos homogeneizados o estereotipados que limiten la creatividad. Si se siguen tutoriales, por ejemplo, para hacer desde un manga, hasta un paisaje, las imágenes pueden ser muy similares a los que reproducen ese tutorial.

Otro riesgo es que las plataformas prediseñadas dan cierta gama de posibilidades en el uso de los recursos y las herramientas digitales, el color, las formas, los estilos de edición o composición. Si ya están prediseñadas, es difícil generar formas alternativas, lo que queda es innovar en el contenido, pero poco se puede hacer con la forma.

Para los diseñadores el uso de plantillas pre-elaboradas les da la posibilidad de trabajar rápido y ofrecer a sus clientes lo que el programa les permite, pero pocas veces existe la posibilidad de tener un diseño original. Se produce en serie y bajo un modelo preestablecido por resolver la demanda y recuperar el tiempo perdido. La forma, los temas, el contenido, el proceso y el resultado pueden verse afectados si la herramienta reproduce sólo determinados modelos.

Se corre el riesgo de la unificación y estandarización a partir de consultar sitios generalizados y repetir estereotipos, esta observación repetida y los límites de las herramientas digitales puede limitar una propuesta propia que dé la posibilidad de generar pensamiento artístico distinto, más complejo. Para que existan propuestas creativas en el arte debemos tener, al menos, una buena dosis de originalidad, de reconfiguración de la información, de vínculo con la necesidad de expresar algo personal y comunicarlo a otros, de comprensión de lo que queremos transmitir con el lenguaje artístico y conocimiento sobre las diferentes manifestaciones artísticas y culturales

6.La investigación artística, mar de posibilidades para la creatividad

Aún así existe siempre el proceso creativo que logra dar resultados diferentes y originales. Para que esto se logre creemos que debe tenerse en cuenta que la investigación académica es fuente de conocimiento y no se deben soslayar los sitios que permiten la reflexión, la construcción de preguntas y soluciones acordes a las necesidades de expresión de los artistas y del público que los disfruta. En caso de que no se puedan visitar los lugares físicos en espacio y tiempo real, es necesario acudir a sitios, aunque sean virtuales, que promuevan la fundamentación, la reflexión, la crítica y el sentido social que puede desarrollarse desde el arte.

El pensamiento de los estudiantes actualmente se ha modificado, la relación con otras generaciones es distinta, se establece una relación de comunicación con sus pares, en la que hay una disposición para compartir sitios de aprendizaje virtual. Buscan lo que les interesa y lo que necesitan según los proyectos que emprenden. Algunos se limitan a lo mínimo para cumplir con las exigencias curriculares y, por otro lado, exploran amplia y profundamente los temas que les interesan. Aprenden lo que quieren aprender y muchas veces esto no coincide con lo que los profesores tienen que enseñarles.

 Los sitios que usan los jóvenes les sirven para interactuar, y tener cierta comunicación, su uso es temporal y pocas veces se mantienen en una sola plataforma, por ello las mismas empresas premian o estimulan a sus usuarios a que continúen ahí. La calidad y certeza de la información que manejan es relativa y muchas veces carece de fuentes fidedignas, se puede caer en las innumerables repeticiones y en la homogenización de trabajos al observar imágenes constantes. Los escenarios son tan "visitados" que pueden generar una homogenización en las propuestas.

El papel del docente va cambiando conforme las necesidades de los estudiantes se modifican. Ahora necesitan un apoyo distinto. Más que determinar previamente sus posibles aprendizajes, se debe estar atento a dar sentido y fundamento a lo que necesitan por sí mismos o eligen aprender. Hay que acompañarlos en la aventura de la construcción del conocimiento artístico y dar opciones para canalizar su creatividad y entusiasmo; guiar esa navegación hoy es muy diferente que hace diez años. Los instrumentos pueden ser muy actualizados, pero la experiencia y la toma de decisiones adecuadas sigue siendo valiosa para no naufragar. Al final los profesores conocemos los antiguos mapas y cartografías del conocimiento. Sin embargo, las rutas que los jóvenes van encontrando también tendrían que considerarse para valorar sus aprendizajes, y reconocer y legitimar aquellas fuentes de información que les permiten configurar su conocimiento artístico.

Los que acompañamos el viaje de los procesos de aprendizaje debemos estar enterados de los intereses y preocupaciones que los estudiantes manifiestan, debemos tener una capacidad de escucha y flexibilidad para orientar dudas o consultas, fomentar encuentros colaborativos entre los estudiantes y formar comunidades de aprendizaje para el desarrollo del arte y favorecer la construcción individual y colectiva de conocimientos. Para que el uso de las redes sea benéfico en lugar de nocivo: "Desde una perspectiva más amplia, la sociedad red representa un cambio cualitativo en la experiencia humana" (Castells, 2000, p.558) La manera en que aprovechemos este proceso que ya está iniciado y usado por los jóvenes nos permitirá establecer mejores puentes de comunicación y favorecer aprendizajes individuales colaborativos. El fundamento para el desarrollo del pensamiento creativo seguirá siendo en el arte, la creatividad, así como en el conocimiento la investigación. El pensamiento artístico se nutre de ambos, así como de las herramientas y medios tecnológicos que son aliados si se reconoce su uso potencial y se destina a propiciar nuevas formas de aprender el arte.

Referencias bibliográficas

Castells M. (2000). La era de la información Economía, sociedad y cultura. Vol. 1 México: Siglo XXI,.

De Pablo G., G. (2017) Factores que favorecen los entornos virtuales de aprendizaje. Revista electrónica Tendencias Pedagógicas, no. 29 Universidad Autónoma de Madrid. URL: https://revistas.uam.es/tendenciaspedagogicas/index

Dussel I. y D. Gutiérrez. comp. (2006). Educar la mirada. Políticas y pedagogías de la imagen. Manantial/Flacso OSDE: Buenos Aires.

Fuentes Mata, I. (2011) Informe del Diagnóstico de la Maestría en Educación Básica modalidad B- learning. Documento interno, Zacatecas, México: UPN.

Fuentes Mata, I.(2017) Ponencia Pensar, aprender y formar a partir de las imágenes. en Memoria VII Encuentro de investigación, documentación de artes visuales, Ponencia en proceso de publicación. México: Cenidiap.

Monereo, C. coord. et all (2005) Internet y competencias básicas. Aprender a colaborar, a comunicarse, a participar, a aprender. Barcelona: Grao.

Pérez Gómez, Angel I. (2012) Educarse en la era digital. Colofón/ Morata: Madrid.

Prensky, M. (2011) Enseñar a nativos digitales. España: ediciones SM.

Webgrafía

https://www.designspiration.net

https://pinterest.softonic.com

https://es.wordpress.org

https://github.com

https://developer.nvidia.com/cg-toolkit

https://dialnet.unirioja.es

www.scielo.org

www.conricyt.mx/

https://www.arduino.cc

https://worldwidescience.org/

https://www.juxtapoz.com

https://www.youtube.com/

https://www.crehana.com

https://creatureartteacher.com

www.instructables.com

https://es.wikihow.com

https://scihub.org

https://www.instagram.com

https://www.deviantart.com

https://www.behance.net/

https://www.tumblr.com

https://es.surveymonkey.com

https://www.flickr.com

https://culturacolectiva.com

https://www.facebook.com

https://michaeljamessmith.com

UNA NUEVA MIRADA A LA FOTOGRAFÍA PICTORIALISTA MEDIANTE EL USO DE APPS DE EDICIÓN FOTOGRÁFICA PARA DISPOSITIVOS MÓVILES

Dra. Ana María Martín López

UNIR-Universidad Internacional de La Rioja

Resumen

Uno de los debates más encendidos en los orígenes de la fotografía tuvo lugar entre los que defendían o contradecían su estatus como arte. En esos momentos, y a falta de desarrollar su propio lenguaje estético, la fotografía miraba a la pintura como referente siendo considerada tanto más "artística" cuanto más se aproximaba en temas y aspecto a ésta última.

A finales del siglo XIX, surge el movimiento fotográfico conocido como pictorialismo. Una corriente que, en contra de la fotografía de aficionado propuesta por Kodak, promueve la creación de las imágenes mediante, incluso, un cierto descuido técnico y su tratamiento posterior, utilizando técnicas de manipulado en el revelado y, sobre todo, en el positivado. Así, el fotógrafo pictorialista dotaba a su obra de un halo artístico, que la conectaba con las Bellas Artes, superando el proceso puramente mecánico y químico de la fotografía de aficionado. Con la aparición de las redes sociales basadas en la imagen, la fotografía ha asistido a una gran proliferación de herramientas que permiten la edición, mejora y retoque de las imágenes proporcionando al aficionando medio la posibilidad –y a veces, la ilusión- de convertirse en un artista con un simple smartphone y apenas conocimientos técnicos y/o estéticos.

Revisaremos las apps de edición fotográfica más populares según su número de descargas y valoración, analizando las características que permiten la manipulación de la imagen. Lo anterior, nos recuerda aquella idea pictorialista de la fotografía como mera base del proceso creativo. Y muchos de los resultados obtenidos mediante el uso de apps de edición fotográfica se han convertido en estéticas populares en la actualidad a través de comunidades como Instagram, que contribuye a su difusión y normalización.

Palabras claves

Fotografía, historia de la fotografía, pictorialismo, edición fotográfica, apps fotográficas

1. Introducción

1.1. La fotografía en sus inicios: entre lo técnico y lo artístico

Los orígenes de la fotografía tienen más de ciencia recreativa que de arte. Hacia 1826, Joseph Nicephore Niépce ideó un sistema que le permitía captar una escena sobre una superficie física utilizando la luz. Este primer proceso fue bautizado con el nombre de heliografía y constituyó el punto de partida para otros experimentos, como el daguerrotipo, que desarrollaron el mismo Niépce y Daguerre, y que dieron lugar a lo que hoy conocemos como fotografía.

Un invento que se presentó al público en 1839 como un artefacto científico, un juguete que utilizaba principios físicos y químicos para reproducir las formas de la naturaleza con toda exactitud. Por poner un ejemplo de esa idea de su carácter de tecnología, en la lista de participaciones de la I Exposición Universal en París, en 1851, podemos ver las estereofotografías del físico escocés D. Brewster. Y sabemos de la gran participación de fotógrafos, mostrando sus técnicas y procesos en la Exposición Universidad de Londres, en 1855.

Sin embargo, esta cualidad de la fotografía de proporcionar una escena captada de la realidad fue motivo también de lógicas comparaciones con la pintura, lo que dio lugar a debates encendidos en relación con este particular. ¿Puede considerarse que la fotografía es una más de la Bellas Artes? A mediados del siglo XIX, esta era una de las preguntas más repetidas, generando respuestas dispares.

Muy conocida es la opinión de Charles Baudelaire, que en su obra *Salones y otros escritos sobre arte* (1859) escribía que era necesario que la fotografía cumpliera con su deber de servir a las ciencias y las artes, e incluso la comparaba con una secretaria o una libreta en el sentido de que ambas garantizaban la exactitud material.

Otros autores, como Cornelius Jabez Hughes, por el contrario, entendían que la fotografía podía tener otros objetivos más elevados. El autor publicaba sus consideraciones en el artículo *On Art Photography*, aparecido en American Journal of Photography (1861), diferenciando entre fotografía mecánica, *art photography* y *high art photography*. Hughes se preguntaba si la fotografía no podía superar sus horizontes y, de mostrar la verdad, no podría llegar también a mostrar la belleza.

Reparaz (2007) resume la situación explicando cómo trabajaban los fotógrafos de la época. Encontrábamos, por un lado, esos fotógrafos viajeros, aficionados, que fotografiaban el mundo con unas condiciones técnicas difíciles. Otros se dedicaban de manera profesional a la fotografía de retrato en sus estudios. Y otros, menos, utilizan la técnica para imprimir un sello artístico a sus obras. Los tres tipos de fotografía, en definitiva, sobre los que reflexionaba Hughes.

1.2. La fotografía pictorialista

Entre estos últimos autores, los que imprimían ese sello artístico a sus obras, encontramos a algunos que bocetaban sus fotografías antes de realizarlas, a otros que realizaban composiciones a base de varias fotografías y otros que preparaban y disfrazaban a sus modelos para componer la escena, por poner algunos ejemplos de manipulación de la imagen fotográfica habituales en aquella época.

Newhall (1983) refiere que, a mediados del siglo XIX, algunos daguerrotipistas norteamericanos estaban produciendo imágenes alegóricas. Esos mismos daguerrotipistas solían usar aberturas de lente grandes, que proporcionaba un aspecto suavizado cuando realizaban retratos, lo que agradaba al cliente.

Las copias por combinación eran también muy empleadas y son particularmente conocidas las obras de Rejlander y H. P. Robinson. El primero utiliza unos treinta negativos para su fotografía alegórica *The two ways of life*, en un ambiciosos proyecto que le llevó semanas y le reportó un gran reconocimiento. Por su parte, Robinson usó cinco negativos en su fotografía *Fading away*, que muestra la agonía de un joven rodeada por sus familiares. A pesar de la impresión que produjo en su época, se trataba de una escena recreada.

Figura 1: Fading away. By Henry Peach Robinson (1830–1901) - George Eastman House, Public Domain

Figura 2: The two ways of life. Oscar Gustave Rejlander [Public domain], via Wikimedia Commons

Cabe señalar que H. P. Robinson no solo fue un prolífico fotógrafico sino que, además, publicó frecuentemente, siendo el autor de un popular manual para la realización de fotografías artísticas: "Veladuras, los desenfoques, los paisajes inmersos en niebla, las alusiones mitológicas y literarias, la evocación melancólica de paraísos perdidos y la recreación de escenas bucólicas" componen, según Martín (2014) su imaginario. La composición usando varios negativos, el foco suave, un buscado descuido formal y el uso de procesos pigmentarios de desarrollo de la copia componen sus señas de identidad en lo relativo a la técnica.

Así, Coronado (2001) nos habla de las tres fases para la liberar a la imagen artística de la fotografía meramente técnica:

- Una primera fase en la que se manipula al referente mediante la escenificación de la toma, a modo de tableaux vivant, con intención, a menudo, moralizante.

- Una segunda fase en la que se manipula el significante mediante el empleo de técnicas que producen desenfoque o efecto flou, acercando a la fotografía a la imagen manual.

- Una tercera fase en la que se manipula el significado mediante métodos pigmentarios que proporcionaban a la fotografía el aspecto de un dibujo. Un complejo proceso manual, que no estaba al alcance de todo el mundo y que daba como resultado una copia única, como era la pictórica.

Esa fotografía que conocemos como artística o pictorialista, no obstante, más que imitar a la pintura reclamaba su mismo prestigio y estatus, diferenciándose además, de la fotografía que podía realizar un aficionado o profesional que usase la técnica de un modo sencillo. El aficionado obtendría, así, imágenes que consideraban vulgares frente a sus copias, que tenían carácter único por esa manipulación que hemos señalado.

1.3. Neopictorialismos en la fotografía contemporánea

En los primeros años del siglo XX, se va superando la estética pictorialista. Pocos son los fotógrafos que siguen practicando este tipo de fotografía más allá de su primera década, apostando por una estética más realista debido, en gran medida, a la influencia que ejercen las vanguardias artísticas también sobre la fotografía.

Sin embargo, el pictorialismo no desaparece del todo. Es significativo y curioso, por ejemplo, el caso de nuestro país en el que la estética pictorialista es bien popular hasta los años cincuenta, quizá más, del siglo XX. Lo que se ha dado en llamar tardopictorialismo, recogió el trabajo de autores muy populares a nivel incluso internacional, como es el caso de José Ortiz-Echagüe. A pesar de que declara en más de una ocasión que su trabajo es documentalista, lo cierto es que en el aspecto formal tiene muchos puntos de contacto con la estética pictorialista y, sin duda, en cuanto al proceso de positivado de sus copias, la suya es una fotografía pigmentarista. No es el único, pero sí quizá el más visible de una generación en la que también destacan Pla Janini, Carbonell, Tinoco, Susanna, Andrada y otros.

Cierto es que se trata de un ejemplo que puede considerarse anecdótico y se circunscribe al ámbito de las asociaciones y salones fotográficos españoles, siendo producto y consecuencia de un determinado momento histórico. Los historiadores de la fotografía están de acuerdo en que los postulados y la estética pictorialista están superados en las primeras décadas del siglo XX. Sin embargo, no son pocos los autores cuyo trabajo muestra una indudable influencia del pictorialismo finalizado el siglo. E incluso, hemos oído en más de una ocasión a algunos estudiosos de la historia y la estética fotográfica referirse a este fenómeno como "neopictorialismos".

Sonseca, uno de los directores artísticos de la Semana Internacional de la Fotografía de Guadalajara, celebrada en 1987, ya decía una entrevista que, en efecto, existe un nuevo pictorialismo que hemos asumido y que tiene relación con el trabajo de artistas cuyo trabajo les acerca a las artes plásticas.

David Hamilton es conocido por las series fotográficas que empieza a realizar en los años 70 y que se significan por tener un suave desenfoque o efecto *flou*. También por esa época, Sarah Moon presenta en sus trabajos personales o para el mundo de la moda, fotografías en las que destaca el desenfoque y un cierto descuido formal buscado. Por su parte, la fotógrafa española Ouka Leele lleva desde los años 80 coloreando sus fotografías con acuarela, lo que les da un aspecto particular y un sello característico. Y, más recientemente, hemos asistido al debate sobre el trabajo de Steve McCurry, al que se ha criticado que, practicando fotoperiodismo, haya modificado sus imágenes con programas de retoque de fotografía digital más de lo que a algunos les ha parecido aceptable. Son unos pocos ejemplos escogidos sin ningún criterio de entre otros muchos autores y trabajos en esta línea.

En este sentido, Fontcuberta (1997) ya discutía la idea de fotografía como equivalente a verdad defendiendo que no es sino una convención, un artificio, una creación que muestra una realidad siempre inventada. "Crear equivale a manipular (...) la manipulación se presentaba como una condición *sine qua non* de la creación" (p.126), escribía el autor.

De lo anterior podemos señalar que el debate sobre la intervención o manipulación de la fotografía con el fin de la creación artística no es que sólo fuera un tema de interés en el siglo XIX sino que ha seguido presente en la fotografía de finales del siglo XX y continúa en vigor, más aún con la aparición de la fotografía digital, su desarrollo y las herramientas que permiten su intervención en las últimas décadas.

1.4. Las redes sociales basadas en la imagen fotográfica

El 6 de octubre de 2010 nace una aplicación móvil que permitía editar y compartir en segundos una fotografía de formato cuadrado, como homenaje a las cámaras instantáneas que fascinaban de pequeños a sus creadores. Desde entonces, Instagram se ha convertido en la red social de crecimiento más rápido de la historia; más aún tras ser adquirida por Facebook, en 2012. Si en ese momento la red social contaba con unos cincuenta millones de usuarios activos, esa cifra se ha quedado ya muy atrás. La propia compañía anunciaba en junio de 2018 que la aplicación superaba los mil millones de usuarios activos, entendiendo como tal a los que habían realizado alguna función en su plataforma en los últimos 30 días.

Según el Estudio Anual de las Redes Sociales de 2018, realizado por Elogia e IAB (agencia de marketing española especializada en Digital Commerce Marketing desde 1999), el 85% de los internautas entre los 16 a los 65 años en España utilizan las redes sociales, lo que supone más de 25,5 millones de usuarios en nuestro país, que la señalan como la tercera red social preferida, con una alta frecuencia de visita, y la mejor valorada.

Se calcula que para enero de 2017 se habían compartido 40 mil millones de fotografías en Instagram, cifra que probablemente haya quedado atrás cuando tengamos datos correspondientes al año en curso. El número de fotografías que se suben a la plataforma pasó de 70 millones diarios en 2016, a 95 millones diarios en 2017 y ya va por las más de cien millones de imágenes al día, lo que supone, sin duda, una cifra vertiginosa y que tiene muchas implicaciones.

Si Kodak supuso un punto de inflexión a la hora de democratizar y popularizar la fotografía, Instagram no ha sido menos revolucionario. Cualquiera puede compartir sus fotografías de un modo rápido y sencillo y sus herramientas de edición permiten a muchos usuarios dar una impronta artística en sus imágenes, lo que en ningún modo implica que pueden considerarse artistas ni que toda esta fotografía tenga necesariamente que ser entendida como una obra de arte. Por otro lado, esta red social ha contribuido a que se produzca una redefinición de los géneros fotográficos clásicos y a la difusión masiva de determinados temas y estéticas que se han vuelto, gracias a esta distribución, tremendamente populares.

2. Una nueva mirada a la fotografía pictorialista mediante el uso de apps de edición móvil

A la luz de lo anterior, nos planteamos en este trabajo la revisión de determinadas estéticas fotográficas actuales, ampliamente difundidas por las redes sociales, conectándolas con las propuestas pictorialistas de finales del siglo XIX y principios del siglo XX.

Se trata de un modo de reflexionar sobre el papel de las redes sociales basadas en la imagen en la popularización no solo de la fotografía, sino también de estéticas que tienen puntos en común con aquellas imágenes pictorialistas de finales del siglo XIX y principios del XX.

En esta popularización de esas estéticas, las apps de edición fotográfica juegan un importante papel al permitir la manipulación de imágenes y su posterior publicación, de un modo muy sencillo, en redes sociales. Así, identificaremos además cuáles son las apps más utilizadas para la edición e intervención fotográficas, revisando su aportación y utilización por parte de los usuarios.

2.1. Iconografía y estética de la fotografía que se comparte en Instagram

Tradicionalmente, hemos asociado los géneros fotográficos a los géneros más tradicionales de la pintura —retrato, paisaje, bodegón-, añadiendo el más puramente fotográfico, como es el reportaje. Esta clasificación se amplía en relación con la técnica o la función de la fotografía, dando lugar a diversos subgéneros.

Casajús (1998) propuso una clasificación de los géneros fotográficos más completa, que diferenciaba entre aquellas imágenes con una función no artística y con función artística. Entre las primeras, mencionaba la fotografía científica, el reportaje y la fotografía publicitaria. En cuanto a la segunda, distinguía las imágenes que seguían una vía expresiva o una vía racional. Por último, añadía dos categorías que nos interesan especialmente: los hallazgos casuales y el álbum privado.

Las redes sociales están llenas de estos hallazgos casuales o imágenes que tienen una gran carga estética pero que no han sido obtenidas a partir de un trabajo creativo previo. Precisamente, una de las grandes críticas a Instagram es la volatilidad de las imágenes que son de rápido consumo. Por su parte, el álbum privado que hasta hace pocos años formaba parte del ámbito familiar e íntimo, aún conservando actualmente esta característica, se ha abierto a la mirada pública al ser compartido y difundido a través de las mencionadas redes sociales dando lugar a intensos debates éticos en torno a la privacidad y a la imagen de los menores.

Sin embargo, la popularización de la fotografía a través de las redes sociales ha dado como resultado que se supere el concepto de género y que hablemos, en relación con ellas, más bien de temas e incluso de hashtags o etiquetas. De este modo, Alonso (2015) proponía como temas protagonistas de Instagram los siguientes: foodies, street photography, cities, minimal, sports, fashion, landscapes and nature, pets y arquitectura.

La velocidad característica de esta red social tiene como consecuencia que, apenas unos años después, nuevos temas o etiquetas han generado desinterés por algunos de los mencionados que, incluso han sido sustituidos por otros nuevos como: moms, lifestyle, nordic, fitness, travel and adventure, tabletop o beauty que se agrupan en torno a grandes nichos o comunidades de usuarios que generan un importante *engagement,* cuya traducción es compromiso o fidelidad y se usa en redes sociales para hacer referencia al nivel de participación e implicación de un usuario con una cuenta y sus contenidos.

Es difícil saber qué tiempo se mantendrán como hashtags o etiquetas populares, ya que surgen nuevos y se posicionan otros con enorme rapidez. Estar al día en este punto es fundamental para las compañías, marcas y empresarios que basan su estrategia de venta en Instagram y que usan herramientas de métricas sociales para conocer esas puertas de entrada que les permiten llegar a colocar sus productos y servicios en determinados nichos o comunidades.

La estética de una fotografía tiene, a menudo, mucho que ver con su mayor popularidad. Está claro que, hoy en día, son muy escasas las fotografías que vemos en redes sociales que no se preparan para la toma, lo que conecta con la manipulación del objeto que se producía en la fotografía pictorialista.

Figuras 3 y 4: Capturas de las cuentas @followmeto y @muradosmann. Murad y Natalie Osmann son una pareja que viaja por el mundo recreando en lugares icónicos imágenes idílicas que se editan después manipulando los parámetros fotográficos o practicando fotomontajes. Su seña de identidad y lo que les ha hecho más conocidos es mostrar la mano del fotógrafo sujetando la de la mujer, de espaldas. El hashtag #followmeto acumula más de un millón de post de usuarios recreando a su vez este tipo de fotografía. Fuentes: https://goo.gl/tC7RuP y https://goo.gl/vr8brE

El fenómeno del postureo, de la falsedad de la imagen mostrando una realidad inventada o, cuando menos, modificada está muy extendido y es objeto de no pocas críticas. Y no solo eso, la toma fotográfica es un simple punto de partida de lo que será la imagen compartida. Son tan escasas las fotografías que se suben a las redes sociales sin preparación previa que tienen sus propias etiquetas #nofilter o #sooc (straight out of the camera), que avisan de su condición de productos sin manipular. Así, la imagen se entiende muy a menudo como el antiguo negativo digital, que necesitamos procesar para obtener un determinado resultado pero que, sobre todo, nos permite crear.

En los primeros años de Instagram, la posibilidad de utilizar filtros para modificar totalmente la imagen fue una parte muy importante de su éxito. Dicen sus creadores que el filtro permitía mejorar una imagen mediocre. Y, si bien ha habido momentos en los que se ha criticado este tratamiento, los filtros están recobrando ahora todo su interés para muchos usuarios, que los utilizan para dar coherencia a su galería, utilizando los mismos ajustes en todas sus fotografías. De hecho, algunos crean sus propios filtros, como una especie de sello personal y único que les hace diferenciarse del resto.

Y es que esta diferenciación resulta muy difícil; pocos perfiles son realmente personales adoptando estéticas de carácter similar. Asistimos a una enorme proliferación de fotografías en tonos cálidos que han sustituido a la omnipresente estética nórdica, de imágenes frías, que imperaba hasta hace bien poco y que se mantiene. También abundan las fotografías de iluminación efectista y composición barroca frente, precisamente, a lo minimalista de la estética anterior. Y encontramos también frecuentemente un tipo de fotografía *moody*, con negros mates, poco contraste y aire melancólico que es la imagen contraria a otra que apuesta por colores saturados y enfoque definido.

Por último, en lo que a ejemplos de estéticas populares se refiere, encontramos etiquetas dedicadas a fotografías con efectos que las acercan a la imagen fotográfica analógica, como #lookslikefilm, la utilización de efectos de iluminación que crean luces y falsos atardeceres o los *cinemagraphs*, que son fotografías que incluyen un clip de video en una parte mientras el resto de la imagen permanece estática, lo que proporciona al espectador una sensación de irrealidad.

Como decíamos antes, se trata de manipulaciones bien del referente, bien del significante o bien del significado que, de un modo distinto a lo que se hacía en aquella fotografía pictorialista como consecuencia del uso de otras herramientas, nos acerca al tratamiento pictorialista que se le daba a las imágenes en la intención. Con la diferencia de que ese tratamiento, en lugar de ser propio de unos pocos autores, está al alcance de cualquiera gracias a las herramientas para la intervención en la imagen fotográfica que facilitan la adopción de determinadas estéticas que las redes sociales difunden.

2.2. Herramientas de intervención en la imagen fotográfica para su utilización en redes sociales

Según Google play, la app para edición fotográfica con más descargas realizadas en la actualidad es Picsart, con más de quinientos millones de usuarios a nivel mundial. Le sigue Cymera, con datos de más de doscientos millones de descargas, según la misma fuente. Por detrás de ellas, encontramos Snapseed, Vsco, Aviary, Pixlr y la versión para edición móvil de Photoshop, que rondan más de cincuenta millones de descargas cada una. Por último, en este *top ten*, encontramos la versión para edición móvil de Lightroom, con más de diez millones de descargas y, muy por debajo de ésta, Afterlight y Polarr, que arrojan un millón de descargas cada una.

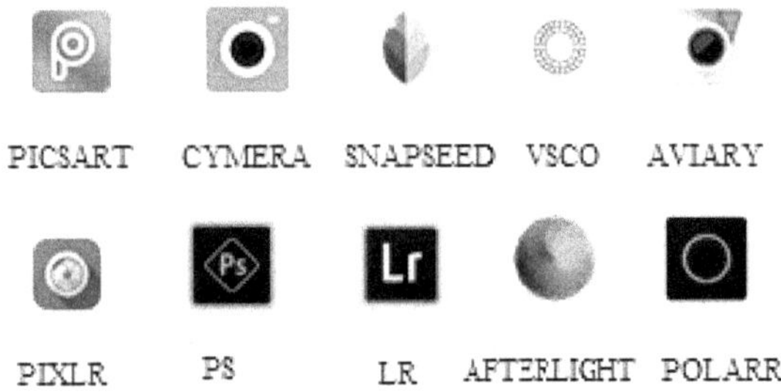

Figura 5: Apps de edición fotográfica gratuitas para Android más descargadas según Google Play, por número de descargas y valoración de más de 4 estrellas por los usuarios, según consulta de 17/03/2018

Son datos que, sin ser exactos ya que la propia fuente no concreta números, nos dan una idea muy ajustada de la enorme popularidad que tienen las apps de edición fotográfica que, así y todo, no están en la lista de las diez más descargadas a nivel mundial en 2017. Una lista que lideran Whatsapp y Messenger tanto en Android como en IOS.

Lo más característico de estas apps para edición fotográfica es que ofrecen al usuario la posibilidad de manipular la imagen con fines creativos, estéticos o meramente lúdicos de un modo muy sencillo. Todas disponen de un mayor o menor catálogo de filtros que permiten aplicar cambios a la totalidad de la imagen. A menudo, la elección de la app tiene que ver con esa variedad u oferta de filtros que hace que el usuario se decante por una u otra.

También varía mucho la interfaz de usuario que ofrecen: coloridas, juveniles, de diseño, profesionales... Parece haber una opción para todo tipo de público. Y para quienes necesitan o prefieren editar los parámetros fotográficos básicos o intervenir sólo algunos ajustes o partes de la imagen, muchas permiten una edición más detallada.

De las mencionadas, Picsart, Snapseed, Lightroom y Polarr permiten el manejo de curvas para la edición. Las curvas posibilitan el trabajo de las imágenes por canales y es una opción que encontramos en los programas de edición fotográfica de escritorio pero no en todas las apps de edición, lo que da opción a un trabajo más preciso.

Si estas herramientas se dirigen a un público con experiencia en edición fotográfica, otras como la inclusión de textos, marcos o efectos parecen ir dirigidas a un público más joven y/o que percibe la fotografía de un modo más lúdico.

En cualquier caso, se entiende la imagen como base de un proceso creativo que puede ser más o menos invasivo con resultados más que evidentes. Lo anterior, unido a la facilidad con la que se puede compartir la fotografía editada en redes sociales contribuye a la enorme difusión de la imagen a la que estamos asistiendo.

Figura 6: Captura de la cuenta @lovelypepa. A pesar de que la manipulación de la imagen no es evidente, se trata de una fotografía en la que se recrea la escena con un carácter comercial. Además, la imagen aparece editada de acuerdo a la paleta de colores del feed, que es característica. Fuente: **https://goo.gl/4pfFoo**

3. Conclusiones y picsusión

Dice Fernández (2007) que "lo que se ha llamado fotografía durante un siglo y medio se ha convertido en algo distinto sin cambiar de nombre, ya que sigue siendo una técnica de producción de imágenes en la que la luz se encarga de una parte de la tarea" (p.43). Es cierto, y es necesario poner el énfasis en esa diferencia que señala el autor ya que resulta más que evidente. El cómo, las técnicas y los procesos, han cambiado. Pero a pesar de todos esos cambios que la fotografía ha vivido, sigue aún subyaciendo en la fotografía actual ese antiguo debate sobre la fotografía como una disciplina artística o la fotografía como herramienta de creación.

Debido a la aparición de la imagen digital, la proliferación de recursos técnicos para la práctica fotográfica y la facilidad para su práctica y difusión, estamos asistiendo a una democratización y popularización de la fotografía sin precedentes. Todo el que tiene un equipo fotográfico –y todos tenemos uno en nuestro teléfono móvil- podemos hacernos la ilusión de ser creadores, una ilusión a la que contribuyen las redes sociales.

Ilusión o realidad, lo cierto es que tanto usuarios como creadores, disponen de herramientas, igual que el fotógrafo pictorialista, que les permiten interpretar la fotografía, entendiendo la imagen como un mero punto de partida para la creación, ya sea con fines artísticos, lúdicos o recreativos, mediante la alteración y/o manipulación de la misma.

Hoy, las apps de edición fotográfica móvil, accesibles y sencillas de utilizar, confieren a este usuario una enorme capacidad para intervenir en la imagen, generando resultados más o menos elaborados. La facilidad con la que esas apps permiten además compartir imágenes en las redes sociales contribuye a una popularización de la fotografía como no se había visto antes.

En este gran volumen de fotografías compartidas al que estamos expuestos a diario, prácticamente sin defensa, se repiten una serie de códigos icónicos y estéticos que contribuyen a la divulgación de determinados temas y del tratamiento que se le da a los mismos, tanto en lo relacionado con la toma de la imagen, como en su estilo de edición.

El fenómeno del postureo está muy presente en las redes sociales. Las fotografías se preparan cuidadosamente, tanto en lo relativo a la estética como a la técnica, mostrando una realidad inventada, idílica o irreal, que tiene a interpretarse como real. Lo anterior influye de manera negativa en muchos de los consumidores de estas imágenes que pueden desarrollar frustración, ansiedad e incluso, en casos más graves, trastornos psicológicos.

No parece, entonces, que tengamos tan claro aquello que explicaba Fontcuberta (1997) sobre la manipulación que lleva implícita la imagen fotográfica. Y es, por tanto, necesario y urgente el desarrollo de una cultura y sensibilidad fotográfica para que, como usuarios, podamos contemplar estas estéticas de un modo crítico y/o limitar excesos manipulativos en las imágenes que consumimos y propagamos a través de las redes. Se impone una mayor formación en este sentido.

Referencias bibliográficas

Baudelaire, C. (2017). *Salones y otros escritos sobre arte*. Madrid: Antonio Machado Libros.

Casajús, C. (1998) *Manual de Arte y Fotografía*. Madrid: Editorial Universitas.

Alonso, M. (2015) *We Instagram: El nuevo espacio de cultura creativa*. Barcelona: Espasa.

Coloma, I. (1986) *La forma fotográfica: a propósito de la fotografía española desde 1839 a 1939*. Málaga: Colegio de Arquitectos.

Coronado, D. (2001). Arte, fotografía e ideología. El falso legado pictorialista. ZER. *Revista de Estudios de la Comunicación*, 6, 10.

De Reparaz, J. (2007). La construcción de la imagen fotográfica. *Actas Segundo Congreso de Historia de la Fotografía* (pp. 295-308). Zarautz: Photomuseum.

Estudio anual de redes sociales 2018. Recuperado el 30 de junio de 2018 de https://goo.gl/1EvTez

Fernández, A. (1987). El País. Recuperado el 30 de junio de 2018 de https://goo.gl/CmUjGr

Fernández, H. (2007). *Cuatro apuntes sobre fotografía reciente: técnicas, creencias, estilos, asuntos*. Madrid: MNCARS.

Fontcuberta, J. (1997). *El beso de Judas. Fotografía y verdad*. Barcelona: Gustavo Gili.

Hughes, C. (1861). On Art Photography. *American Journal of Photography*, 3, 260-263.

López, P. (1992). *Las fuentes de la memoria II*. Madrid: Lunwerg

Martín, A. (2014). En torno a los fondos pictorialistas de la colección de la Real Sociedad Fotográfica. *Oppidum*, 10, 225-236.

Newhall, B. (1983). *Historia de la fotografía. Desde sus orígenes hasta nuestros días*. Barcelona: Gustavo Gili.

CAPÍTULO IV

EL MÓVIL: HERRAMIENTA EDUCATIVA Y ARTÍSTICA

Dra. Mª Victoria Márquez Casero
Universidad de Málaga

Resumen

Con la puesta en vigor de la LOE en 2007, se implantó la competencia digital en las aulas. Hubo muchos docentes detractores y otros a favor de los cambios que se debían acometer. En la Comunidad Autónoma Andaluza, la Consejería de Educación, comenzó ofreciendo al alumnado ordenadores, considerando que con ello ya estaban cubiertas las necesidades, como si educar en una competencia dependiese de disponer de herramientas digitales. Transcurridos ciertos años, no ofertaron más, quedando estos obsoletos. Por lo que a día de hoy no todo el alumnado dispone de ordenadores o tabletas, y de disponer de ellos, no todos los padres permitirían que sus hijos o hijas se los llevasen a las aulas para poder trabajar en clase.

La LOMCE (2013), fomenta el trabajo con metodologías activas que incorporen herramientas digitales, pero no todas las aulas, ni todos los centros tiene suficientes ordenadores o bien, no se puede disponer de ellos en el momento que se precisa. No obstante, poco a poco, contamos con una realidad tecnológica: la gran mayoría del alumnado, tanto de primaria como de secundaria, dispone de dispositivos móviles como son las tabletas y los smartphones y en ocasiones, de mejor calidad que los del propio profesorado o Centro. Los adolescentes y estudiantes están sumergidos en una sociedad digital en la que impera la imagen y las redes sociales. Dominan el móvil como herramienta social. ¿Por qué no utilizarlo como herramienta educativa y artística?

En este artículo se ofrecen experiencias reales de aula en las que el Smartphone se utiliza como herramienta socia abriendo a los alumnos a otros usos y posibilidades. Desde el área de Educación Plástica, Visual y Audiovisual, podemos y debemos considerar el móvil como una herramienta de creación y aprendizaje, haciendo uso de él desde distintos ámbitos y propuestas.

Palabras claves

Educación, Arte, Móvil, Sociedad, Herramienta de creación, Experiencias.

1. Introducción: un medio digital y cambiante

Las manifestaciones artísticas y la conceptualización de las prácticas artísticas han ido sempre de la mano de la condición humana. Si nos planteamos cuál es la función del arte en nuestra sociedad como docentes, nos toca reflexionarlo en el contexto de los Centros Educativos. Al pensar la competencia artísca en relación a la competencia digital, solemos encontrarnos con dos vertientes: a) con aquellos docentes que continúan en el camino tradicional con medios artísticos tradicionales y b) con docentes que apuestan por una nueva concepción de la Educación Artística basada en las necesidades de la sociedad actual, que tiene en cuenta las oportunidades que la era digital nos ofrece y porponen el uso de medios adecuados a nuestro tiempo.

El docente debe plantearse donde residen actualmente los fundamentos artísticos. Gracias a las redes sociales y a Internet, vivimos en una sociedad cuyas relaciones personales se cimentan en el uso de representaciones visuales, por lo que se hace necesario educar en la imagen y en el uso que de estos dispositivos digitales hacen los estudiantes. Tanto el docente como el discente, forman parte de un mismo contexto social y cultural mediático y tecnológico, el cual se recrea constantemente, ya que es cambiante, "líquido" (Baunman, 2016). Y es en este contexto, tecnológico, digital, mediático y cambiante en el que se debe desarrollar el proceso de enseñanza aprendizaje del arte.

2. Alumnado, Sociedad y Educación: a tres velocidades

La infancia, la preadolescencia y la adolescencia son épocas en las que las relaciones sociales, las ideas acerca de la realidad y del mundo son muy cambiantes y confusas. Además, cada época y contexto cultural adquiere un aspecto diferente para cada generación, lo que provoca todavía más conflicto entre generaciones y formas de entender el mundo y la vida. Las representaciones visuales con las que se representan los niños y las niñas, en las que se reflejan los adolescentes y los jóvenes, nos sirven a los docentes para comprender los cambios físicos y psíquicos que en esas edades se experimentan al convertise en imagen. Por otro lado, el modo en el que se representan los adolescentes, refleja cierto grado de apropiación y resistencia a ser como los "mayores" o "adultos". (Hernández, 2007 en Márquez, 2017) El arte va en paralelo al desarrollo social y tecnológico, entendiendo como nos indica Tójar (2005) que lo que nos sirve de motor de cambio es precisamente, la experiencia educativa innovadora, exigiendo con ello una forma nueva de entender la enseñanza y el aprendizaje, aportándole lo digital nuevas dimensiones didácticas al profesorado.

Vivimos en una sociedad que requiere proyectos innovadores, tanto desde un punto de vista educativo como artístico. Esto exige un cambio de paradigma, el paso de una escuela trasmisora de información, centrada en el profesor y la enseñanza, a otra productora de conocimientos, centrada en el alumnado y en su aprendizaje. Una cultura se recrea constantemente al ser interpretada y renegociada por sus integrantes, siendo la educación uno de los principales foros culturales, actuando los discentes como participantes activos y no como meros expectadores (Bruner, 1994). Sin olvidarnos, como señala Bruner (1994), que el lenguaje de la educación no debe centrarse solo en el consumo o adquisición de conocimientos. El lenguaje de la educación debe ser el lenguaje de la creación de la propia cultura. El siglo XXI nos plantea el reto de encontrar un equilibrio entre el sistema educativo y el sistema social en el que está inmerso a través del uso de lo digital.

Si queremos cambiar el concepto de educación habrá que cambiar el concepto normativo y regulador de la narrativa imperante en nuestros centros desde hace tiempo (Hernández, 2007), convirtiéndolos en espacios enriquecedores y atrayentes. La escuela debe ser un espacio en el que el discente se sienta bien y desee acudir a él (Márquez, 2017). Efland, Freedman y Stuhr (2003), indican igualmente la necesidad de promover un cambio de paradigma en el ámbito de la educación, para dar respuesta a las nuevas realidades sociales y culturales que trae consigo la posmodernidad. La escuela, como entidad social, tiene que dar respuesta a la realidad social. Y por eso no se puede prohibir ni dejar fuera del espacio educativo el uso de tegnologías digitales, a las que están ya habituados los alumnos.

Por otra parte, cabe destacar que estamos inmersos en una sociedad informatizada y digitalizada tecnológicamente, y además funciona como motor de desarrollo científico. El aprendizaje de estos nuevos medios digitales, ocupa un lugar prioritario entre las necesidades sociales actuales. Debido a la gran influencia de los medios de comunicación de masas, las redes de comunicación, las TIC... la información se vuelve cada vez más visual, más rápida, más accesible, gracias a la difusión masiva con inumerables canales de comunicación. En línea con este planteamiento, los docentes debemos responder a las demandas sociales. Si educamos a las personas para que éstas puedan integrarse en el contexto al que pertenecen, que hoy es el de las nuevas tecnologías, contribuimos de forma incuestionable a dicho proceso de integración social, laboral y cultural. Debemos centrarnos en los nuevos valores y pautas, en las nuevas estructuras de transmisión del conocimiento y de organización de la información, muy alejado ya del trabajo centralizado en el libro de texto: "En la sociedad de la información ya no se aprende para la vida; se aprende toda la vida" (Cornella citado en Marqués, 2000).

Hay que destacar igualmente, siguiendo a Domínguez (2002), que en el ámbito educativo, la innovación tecnológica aporta recursos y estrategias de organización visual y cognitiva que, ajustadas a las condiciones y características vivenciadas, potencian, en los diferentes campos de conocimiento, los procesos de aprendizaje y consolidan la adquisición de competencias.

Estas dos cuestiones: la situación actual de la educación artística, y el desarrollo científico tecnológico que influye en el sistema educativo, son dos de las principales bases que argumentan la necesidad de un cambio metodológico e instan a una transformación en los fundamentos pedagógicas de dichas metodologías, las cuales precisan ir focalizadas hacia un aprendizaje significativo y hacia un pensamiento crítico, llevado a cabo con recursos propios del siglo XXI.

Como nos plantea Márquez (2017), la metodología y los recursos empleados en el aula van a determinar el ritmo de aprendizaje del alumnado, los valores alcanzados en dicho proceso, y el enriquecimiento de los conocimientos adquiridos, puesto que, como indica Freire "enseñar no es transferir conocimiento, sino crear las posibilidades para su propia producción o construcción" (Aguirre, 2011, p.1). Pero dichas metodologías precisan de una práctica y de un trabajo. Para Puente todo acto creativo es "un proceso extendido en el tiempo que requiere preparación, trabajo y pruebas antes de llegar a producir algo original". (Puente, 1999, p. 93). Este aspecto queda superado si utilizamos el móvil como herramienta educativa y artística. Al ser un isntrumento de uso cotidiano y diario, el alumando tiene dominio pleno del mismo. Pero, por lo general, este no se suele ver como una herramienta habitual en el proceso de enseñanza-aprendizaje, sino, todo lo contrario: como un "objeto prohibido". Los docentes debemos ser consciente que el simple uso del móvil en el aula como medio o herramiento educativa, lleva implícito la motivación por parte del alumnado, consiguiendo un proceso de aprendizaje, sin lugar a dudas, más personalizado.

3. La realidad educativa digital

Con la puesta en vigor de la LOE en 2007 y la incorporaion de las competencias al Curriculum de Educacion Primaria, se implantó la competencia digital en las aulas. Hubo muchos docentes detractores y otros a favor de los cambios que se debían acometer. En la Comunidad Autónoma Andaluza, la Consejería de Educación, comenzó ofreciendo al alumnado ordenadores portatiles con un software libre, considerando que, con dicha actuación, ya estaban cubiertas las herramientas necesarias para trabajar dicha competencia y con ello, las necesidades que dicho trabajo precisaba, como si educar en una competencia dependiese de disponer de herramientas digitales.

Figuras 1. y 2: Aulas de 5º y 6º primaria. Fuente: colección de la autora

Transcurridos ciertos años, no ofertaron más portatiles, ni al alumnado ni a los Centros, quedando estos ordenadores y esta oferta obsoletas y los Centros Educativos sin recursos. La realidad educativa con la que nos encontramos hoy día, es que no todo el alumnado dispone de ordenadores o tabletas, y de disponer de ellos, no todos los padres permiten que sus hijos o hijas se los lleven a las aulas para poder trabajar en clase. La LOMCE (2013), indicó igualmente la necesidad de trabajar con metodologías activas que llevasen implícito el uso de herramientas digitales. Pero a día de hoy, no todas las aulas, ni todos los centros, disponene de suficientes ordenadores o bien no se pueden utilizar en el momento que se precisan.

Figuras 3 y 4: Aulas de 5º y 6º primaria. Fuente: colección de la autora

Por otra parte, en estos años se han ido incorporando a las aulas nuevos recuros como las pizarras digitales, pero ello no ha significado tampoco que las prácticas de dichos recursos llevasen implicito el trabajar la competncia digital. Cuando sustituimos un libro de papel por un libro proyectado en la pizarra digital, continuamos trabajando en la misma línea. Hay que darle un uso apropiado a cada recurso para obtener el máximo partido del mismo:

> Este cambio en la metodología educativa, no consiste en utilizar las nuevas herramientas con métodos tradicionales, este debe aquejar a la enseñanza en pro de las necesidades individuales del alumnado, a través de la interactividad, estableciendo un nuevo marco de relaciones, fomentando el trabajo colaborativo y, sobre todo, ofreciendo una metodología creativa y flexible más cercana a la diversidad y a las Necesidades Educativas." (Martín-Laborda, 2005, citado por Marquez, 2017, p. 155).

Pero, poco a poco, contamos con una realidad tecnológica: la gran mayoría del alumnado, tanto de primaria como de secundaria, dispone de dispositivos móviles como tabletas o smartphones y en ocasiones de mejor calidad que los del propio profesorado o Centro. "La telefonía móvil es la tecnología más usada por los españoles". (Vila. 2000 p.55). Como nos sigue indicando el mismo autor, en dicho aspecto, el paso del tiempo corre a nuestro favor, ya que no sólo aumenta este porcentaje, sino que se disminuye la edad de los que lo poseen por primera vez:

> Las metodologías elegidas se convertirán en el vehículo a través del cual los estudiantes aprenderán conocimientos, habilidades y actitudes y, por consiguiente, desarrollarán competencias. (Márquez, 2017, p.148).

Los adolescentes y estudiantes están sumergidos en una sociedad digital en la que impera la imagen y las redes sociales. Dominan el móvil como herramienta social. ¿Por qué no utilizarlos como herramienta en clase, como herramienta educativa y artística? ¿por qué no hacer uso de ellos en el proceso de enseñanza aprendizaje en los Centros Educativos?. Como docentes debemos ampliarles la visión de las aplicaciones que ofrecen estos dispositivos para sus aprendizajes, valernos del Smartphone que utilizan como herramienta social, para enfocarlos a la educación artística y abrirles otros usos y posibilidades. Desde el área de Educación Plástica, Visual y Audiovisual, podemos y debemos considerar el móvil como una gran herramienta de creación y aprendizaje, con un gran potencial, haciendo uso de él, de su versatilidad desde distintos ámbitos y propuestas.

Si se pretende que la vida y el aprendizaje se unan, debemos relacionar las clases con las experiencias personales, las investigaciones y experimentaciones del alumnado dentro y fuera de la escuela. Se debe vincular el arte con algo que atraiga su atención e imaginación, por medio de descripciones, noticias, sucesos locales, estímulos visuales, etc., un tipo de asociación por medio de la cual la clase de plástica sea algo más que un aprendizaje de distintas técnicas. Las técnicas artísticas deben ser medios para acercarse a temas de interés. (Martínez, Rigo y López, 1993, p. 60) Si deseamos estimular la creatividad, la imaginación y la agudeza visual, se debe evitar que las clases se presenten como algo aislado. "Las metodologías elegidas se convertirán en el vehículo a través del cual los estudiantes aprenderán conocimientos, habilidades y actitudes y, por consiguiente, desarrollarán competencias" (Márque, 2017, p.148).

4. Método: utilizando el móvil como herramiemta educativa y artística

Tenemos a nuestra disposicion un herramienta totalmente motivadora y práctica que se adecúa a las necesidades que nos plantea la legislación y que nos demanda la sociedad: el teléfono móvilo Smartphone. Así que lo hemos utilizado como herramienta educativa. Partimos de una gran ventaja ya que es un instrumento que el alumnado domina a la perfección. Por otra parte, es una herramienta que nos permite encontrar bastantes programas gratuitos, sofware muy diverso para una gran variedad de actividades: presentaciones, vídeos, realización de cómics, de cortos, programas de edición de audio o vídeo... facilitando una formación muy amplia en cuanto a competencia artística y digital.

Debemos tener presente que, al considerarla como herramienta en el ámbito cotidiano, en ocasiones, cuando se les permite utilizarlo, el alunmnado le da un mal uso, descontextualizándolo del ambito educativo, y generando consecuencias negativas para el grupo clase. Este hecho genera la prohibición del mismo en muchos Centros Educativos. Pero está en las manos del docente invertir este uso indebido. Toda herramienta o instrumento educativo puede ser util o no atendiendo al uso que hagamos del mismo.

Nos vamos a ceñir a unas breves reseñas de la utilización del Smartphone, indicando algunas de las experiencias realizadas en el alula, mostrando de esta forma parte del abanico de sus posibnilidades. Las metodologías activas implican una lineas de trabajo marcada por una dinamismo y un proceso en continuo progreso. Este proceso precisa distintas etapas en las que puede estar presente el móvil como herramienta. Podemos utilizarlo tanto como herramienta de información y busqueda de conocimiento, como herramienta de redacción y creación. También nos ayudan a trabajar con aulas virtuales o plataformas como Classroom o las Apps educativa gratuitas que aporten dinamismo al aula.

A continuación, mostramos algunos de los casos prácticos vivenciados en las aulas. Todos los proyectos, en las distintas etapas educativas, se inician con una búsqueda de información de la que dependemos de las redes del Centro. Este inconveniene queda subsanado con los usos de los dispositivos personales (Figuras 5, 6 y 7). Siempre tienen la información a mano y en el momento preciso. Para los proyectos que han precisado trabajos de campo centralizados en las imágenes, se ha convertido en una herramienta bastante útil, permitiéndoles autonomía en la propia búsqueda (Figuras 11, 12 y 13).

Figuras 5, 6 y 7: Aulas de 1º y 2º ESO. Fuente: colección de la autora

Figuras 11, 12 y 13: Aulas de 1º y 2º ESO. Fuente: colección de la autora

Al trabajar los aspectos audiovisuales estudio de imagens y edición, tanto visual como audiovisual de la asignatura Educación en Artes Plásticas y Visuales de la Facultad de Ciencias de la Educación de Málaga, el alumnado se ha valido del móvil como principal herramienta. (Figuras 14, 15 y 16)

Figuras 14, 15 y 16: Alumnado 1º D del Grado en Educación Primaria. curso 2017-18
Fuente: colección de la autora

En la asignatura de Educaión Plastica, Visual y Audiovisual de Educacio Secunadaria Obligatoria, también se utiliza como herramienta fotográfica y como editor de imágenes (Figuras 17 y 18).

Figura 17 y 18: Alumnado 2º ESO. Fuente: colección de la autora

El trabajo realizado en casa por el alumno, lo documenta y lo lleva al aula para resolver dudas (Figura 19). Como registro de información, utilizan también las propias fuentes que ofertan los móviles para enriquecer sus trabajos (Figura 20). Como fuente de datos, lo utilizan como herramienta para el trabajo diario. Toman apuntes realizando capturas de las explicaciones. Agiliza el transcurso de la calse. En determinasdos momentos, capturan imágenes para estudiar y reflexionar en casa (Figura 21). Esta práctica hace que ya sea conocido por todos, que es una herramienta de búsqueda de información, para aplicarlo cuando el transcurso de la clase lo precise (Figuras 22 y 23). De igual forma, lo utilizan para exponer (Figura 25). Asimismo, el Smarthone te permite acceder a las aplicaciones informáticas, como las Apps de Google, que nos permiten acceder a sus plataformas y tarbajar con diversas heramientas, como Classroom, facilitando la interacción entre docente y discente permitiendo publicar materiales y realizar entregas desde el propio móvil (Figura 26)

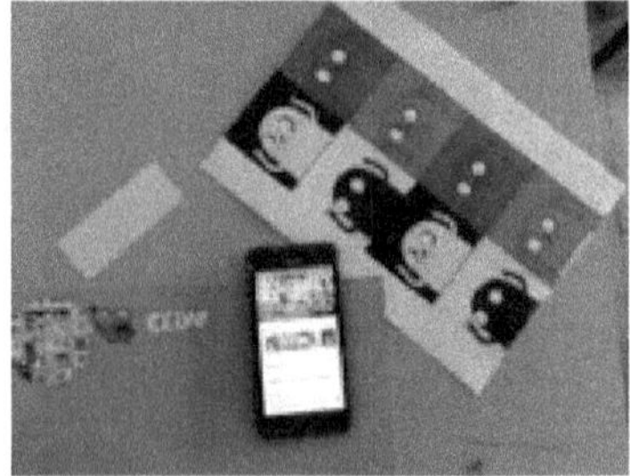

Figura 19 Alumnado 1º ESO. Proyecto Roma: "corona" Figura 20: Alumnado 1º y 2º ESO. Fuente: colección de la autora.

Figura 21: Alumnado 1º y 2º Bachillerato. D.T. Fuente: colección de la autora

Figuras 22, 23 y 24: Alumnado 1º y 2º ESO. Fuente: colección de la autora

Figuras 25 y 26: Alumnado 1º y 2º ESO Fuente: colección de la autora.

Si trabajmos con Classroom, se precisa una conexión continua y unos dispositivos permanentes en el aula, como se indicó, no todo el alumando puede traer a clase un ordenador, ni todos los centros cuentan con ordenadores suficientes para atender las necesidades de todas las aulas en el momento que se precise. Este aspecto también queda resuelto con los Smarthones. En el momento que el alumnado precise subir los datos a su espacio online, podrá hacerlo (Figura 27, 28, 29, 30 y 31)

Figuras 27, 28, 29, 30 y 31: Alumnado de 1º y 2º ESO. Fuente: colección de la autora.

Se utiliza también como elemento organizador. Disponen tambien de Aplicaciones que favorecen los trabjos cooperativos, como puede ser la eleccion de reparto de tareas o de turno de palabra o acciones, como la aplicación Start Player (Figuras 32, 33 y 34)

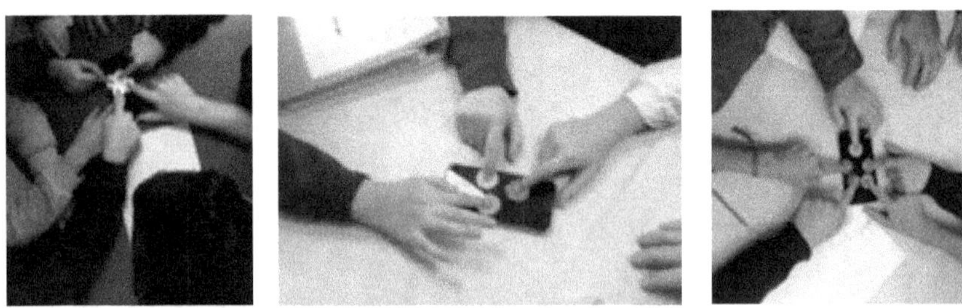

Figuras 32, 33 y 34. Alumando de 1º y 2º ESO Fuente: colección de la autora

Si nos centramos en el móvil como herramienta artística son bastantes los ámbitos de trabajo que nos ofrece: captura de imágenes, edición de imágenes. Diseño, creación gráfica y pictórica, etc. Se puden trabajar los procesos artísticos tradicionales como dibujar y crear con el propio dispositivo. (Figuras 35, 36, 37, 38, 39, 40, 41, 42, 43 y 44)). Pueden reproducir a nivel plástico sus propias creaciones creadas en ests soportes. (Figuras 42).

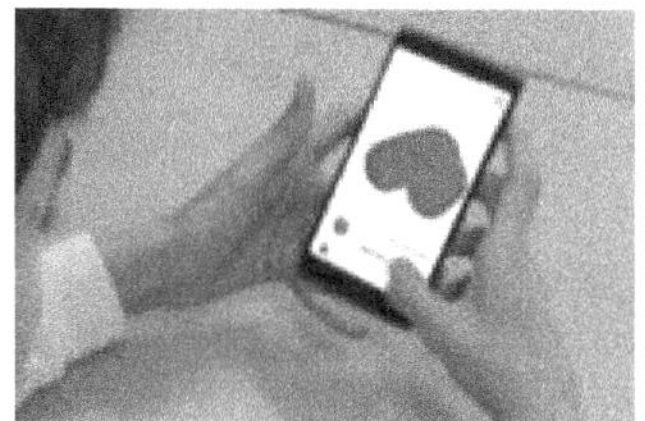

Figuras 35, 36 y 37. Alumando de 1º y 2º ESO Fuente: colección de la autora

Fuguras 38, 39, 40, 41, 42, 43 y 44. Alumando de 5º de Primaria, 1º y 2º ESO Fuente: colección de la autora

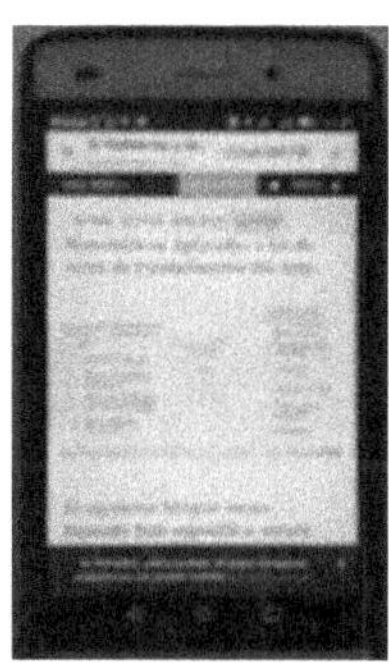

Figuras 42, 43 Y 44. Izquierda: Alumando de 1º y 2º ESO. Centro: Alumando de 1º y 2º Bachillerato Fuente: colección de la autora. Derecha: Alumando de 1º y 2º Bachillerato Fuente: colección de la autora.

También es eficaz como instrumento de transmisión de información y relación social fuera del horario docente (Figuras 43) Gracias al Whatsapp (Figuras 44) toda la clase está en contacto, se ayudan resolviendo las dudas que surtan fuera del horario de clase y sirve para notificar cuestiones importantes. Todo esto los mantiene en continua curiosidad. (Figuras 45 y 46). Y todo esto, también es útil para el alumando universitario de los Grados de Infantil, Primaria y del Máster de fromación del Profesorado de Secundaria. (Figuras 47).

Figuras 45 y 46 Alumando de 1º y 2º Bachillerat **Figura 47:** Alumando Grado Educación Primaria Fuente: colección de la autora

5. Conclusiones

Podemos entender la cultura como fruto de una interacción social simbólica y como informadora de las distintas situaciones y acontencimienos vividos: "La cultura entendida como concepto, ya sea definida como costumbre, tradición, norma, valores, reglas, etc, se deriva claramente de lo que las personas hacen" (Blumer 1982, p. 5), y este hacer, viene vinculado por los modos satistifactorios de actuar de las personas con recursos y en contextos determinados:

> La cultura se está recreando constantemente al ser interpretada y renegociada por sus integrantes [...] es tanto un foro para negociar y renegociar los significados y explicar la acción, como un conjunto de reglas o especificaciones para la acción. [...] La cultura comprende un texto ambiguo que necesita ser interpretado constantemente por quienes participan en ella. (Bruner, 1988, p. 128, citando por Gimeno y Pérez 1996. pp.12-13).

Como hemos visto, en el ámbito docente, podemos contar con un instrumento eminentemente social y de uso cotidiano, que nos ofrece muchas estrategias educativas y que, al mismo tiempo, nos sirve de herramienta motivadora, la cual domina todo el conjunto de alumnado. Debemos ser consciente de los valores creativos y pedagógicos que nos aporta el Smartphone. Bien usado en el aula, nos servirá como un complemento totalmente positivo, que nos ofrece grandes posibilidades de uso. Nos puede servir tanto como punto de partida del proceso educativo, con la correspondiente labor teórica de búsqueda de información, como para el propio planteamiento del proceso de creación, o en la resolución de las distintas actividades llevadas a cabo. Adquiere así, tanto un valor educativo como con valor artístico y creativo y como herramienta de difusión de los productos finales.

Por sus características de manejabilidad y su difusión social, se pude hacer uso de esta herramienta en todo momento, y lo más important: todo el alumnado se identifica con él y lo domina, lo que nos sitúa en la motivación y nos aleja de la frustración.

Referencias bibliográficas

Aguirre, I. (2000). *Teorías y prácticas en educación artística. Ideas para una revisión pragmática de la experiencia estética*. Pamplona: Universidad pública de Navarra.

Bauman, Z. (2016). *Modernidad líquida*. Madrid: Fondo de Cultura Económica.

Blumer, H. (1982). *El Interaccionismo simbólico. Perpectiva y método*. Barcelona: Hora (edic.orig.1969).

Bruner, J. (1994) *Realidad mental y mundos posibles*. Barcelona: Gedisa.

Domínguez, M. (2002). Las tecnologías de la información y la comunicación: sus opciones, sus limitaciones y sus efectos en la enseñanza. Revista *Crítca de Ciencias Sociales y Jurídicas*, (Nómadas 8). Recuperado de: http://pendientedemigracion.ucm.es/info/nomadas/8/mdominguez.htm.

Efland, A., Freedman, K., & Sthur, P. (2003). *La educación en el arte posmoderno*. Barcelona: Paidós.

Gimeno, J. y Pérez, A.I. (1996). *Comprender y tranformar la enseñanza*. Ediciones Morata

Hernández, F. (2007). *Espigador@s de la Cultura Visual. Otra narrativa para la educación de las artes visuales*. Barcelona: Octaedro.

Hernández, A. (2007). Libros de texto y profesionalidad docente. Avances en supervision educativa. *Revista de la Asociacion de Inspectores de Educación de España*, (6).

Marqués, P. (2000). *La cultura de la sociedad de la información. Aportaciones de las TIC*. Recuperado de: http://peremarques.pangea.org/si.htm.

Márquez, M.V. (2017) *La experiencia Artística en la preadolescencia: Nuevas formas de intervención Docente*. (Tesis doctoral). Universidad de Málaga.

Martín-Laborda, R. (2005). Las nuevas tecnologías en la educación. Madrid: Fundación AUNA. Recuperado a partir de http://www.telecentros.info/pdfs/05_06_05_tec_edu.pdf.

Martínez, N., Rigo, C., & López-Fernández, M. (1993). La obra de arte como estímulo creador en distintas etapas de la educación: Primaria, Secundaria y Facultad de Educación. *Revista Arte, Individuo y Sociedad*, 5: Universidad Complutense de Madrid.

Puente, A. (1999). *El cerebro creador*. Madrid: Alianza Editorial.

Tojar, J. C., y Matas, A. (2005). El proceso de innovación educativa en la formación permanente del profesorado universitario: un estudio multicaso. *Revista Española de Pedagogía*, 63(232), 529-551.

Vila, J. (2000)."Evaluación de multimedia educativo: Multigestor Windows". *Comunicación y Pedagogía*, 163, pp. 102-103"

CAPÍTULO V

USO DE LA RADIO ONLINE PARA MOTIVAR EN EL APRENDIZAJE DE LENGUAS: RÀDIO IES MEDITERRÀNIA

Lcda. Esther Pérez-Fermenía
Universidad de Alicante

Dra Mar Iglesias-García
Universidad de Alicante

Resumen

Desde que, en 2008, el Parlamento Europeo instara a los gobiernos de los estados miembros a ejecutar acciones en pro de incorporar programas de alfabetización mediática, principalmente en las escuelas, en España se han desarrollado iniciativas de modernización tecnológica que, más que buscar la implantación de una educación mediática, han tenido como objetivo dotar de infraestructuras tecnológicas a los centros escolares.
Una formación en alfabetización mediática se presenta hoy día como una herramienta motivadora, que despierte el interés y la capacidad crítica del alumno a la hora de hacer frente a esa sobrecarga de información a la que estamos expuestos las 24 horas del día. Freire (1975) defiende una Educación que enseñe a pensar y no a obedecer. En este contexto surge Radio escolar IES Mediterrània de Benidorm. Esta radio online se plantea como una herramienta de motivación para favorecer el aprendizaje de lenguas en un entorno multilingüe y multicultural como es Benidorm, contemplando, a su vez, la posibilidad de trabajar destrezas, habilidades y valores, en un momento en que las nuevas generaciones no son únicamente emisores, sino también productores de los masmedia.
Es un proyecto educativo dirigido al alumnado de entre 12 y 18 años, los cuales asumen el rol de periodistas delante de los micrófonos, logrando alcanzar un tratamiento integrado de las cuatro lenguas que se trabajan en el centro (Valenciano, Castellano, Inglés y Francés). Informativos, entrevistas y espacios culturales son algunos de los programas diseñados por ellos mismos y que se pueden escuchar desde la plataforma IVOOX y desde la web del centro.

Palabras claves

Radio, multilingüismo, alfabetización mediática, motivación, aprendizaje, lenguas

1. Introducción

Kaplún (2007) afirma que las nuevas tecnologías de la información y de la comunicación en su uso más corriente ignoran por completo los procesos dialógicos. En esta línea, Aguaded (2005) dice que la escuela tiene la obligación de utilizar los medios de comunicación como potentes recursos didácticos para desarrollar las competencias educativa y comunicacional. La sociedad del siglo XXI reclama la incorporación de los medios de comunicación de manera real en la enseñanza. Comunicación y educación por separado no tienen sentido en el mundo actual (Gumucio, 2007). La Información se contempla en la Constitución Española de 1978 como un derecho fundamental y en el Convenio Europeo de los Derechos Humanos se afirma que favorece un mayor empoderamiento ciudadano y una positiva inclusión social.

Las cinco posibles competencias básicas en las que, según la UNESCO (1996), se centra la alfabetización mediática e informacional son: comprensión, pensamiento crítico, creatividad, consciencia intercultural y ciudadanía. En definitiva, los jóvenes deben recibir una educación crítica, activa y plural ante los medios de comunicación. La *educomunicación* para la alfabetización en niños y jóvenes forma parte ya de la educación formal en países como Reino Unido, Canadá, Australia y Finlandia. En España queda mucho por recorrer. No obstante, son numerosos los artículos científicos y las investigaciones que se centran en este tema y que ven la incorporación de los medios de comunicación en la educación como un recurso de motivación para favorecer, además de la socialización y la transmisión de valores, el aprendizaje de lenguas.

Con la ayuda de Internet, la Radio se convierte en "una ventana de oportunidades para realizar talleres radiofónicos que no buscan exclusivamente impacto mediático, sino apropiarse de la tecnología y de la accesibilidad del medio para mejorar las habilidades comunicativas y sociales" (Cortés Fuentes, 2017, p. 175). Incluso puede ayudar a construir una identidad digital en un mundo en el que los ciudadanos, especialmente los más jóvenes, no sólo consumen sino también producen mensajes a diario en las redes sociales, en diversas lenguas.

Jacques Delors (1994) defiende la necesidad de una educación que "proporcione las cartas náuticas de un mundo complejo y en perpetua agitación y, al mismo tiempo, la brújula para poder navegar por él" (p. 1). Una educación del siglo XXI debe mejorar el aprendizaje y uso de las lenguas, empezando por las propias, y el enfoque comunicativo puede ser clave. En este sentido, se precisa de una reflexión sobre cómo mejorar la enseñanza y el aprendizaje de las lenguas, tanto extranjeras como propias en España y, en concreto, de la habilidad de comprensión oral" (Villarón y Egido, 2017). La radio online puede contribuir a mejorar el uso de lenguas, potenciar las competencias orales y escritas a través del trabajo en equipo.

1.1. Aprendizaje de lenguas

Vivimos en un mundo multicultural y multilingüe como resultado de la diversidad cultural y humana. Por tanto, aprender lenguas se plantea como una necesidad para formar a la ciudadanía del futuro. De hecho, la Unión Europea y la Unesco se marcan como objetivos abrir los sistemas de educación y formación al mundo exterior, por lo que se hace necesario aumentar la movilidad, los intercambios y reforzar la cooperación europea, además de atender las lenguas minorizadas o regionales.

Es evidente que el conocimiento de lenguas genera más oportunidades, abre las puertas de futuro, mejora la ocupación y enriquece la ciudadanía con un mayor número de competencias profesionales. Pero el aprendizaje de lenguas no puede quedar relegado al ámbito educativo. Los medios de comunicación y todos los espacios donde se producen intercambios de información tienen que cumplir también un rol social durante el proceso de enseñanza de idiomas.

Además, cabe destacar que en el aprendizaje de segundas o terceras lenguas se debe destacar el importante papel que juegan las actitudes lingüísticas y cómo los factores actitudinales y motivacionales influyen en el aprendizaje lingüístico. Y de entre los varios agentes que pueden contribuir en el origen o cambio de este tipo de actitudes destacan, como instituciones, la familia (en concreto los padres y madres) y la escuela, adquiriendo también una gran importancia los mass media (Janés, 2006).

La sociedad globalizada del conocimiento exige el desarrollo de destrezas y habilidades comunicativas, no solo en una lengua extranjera, sino en varias. Y el Marco Común de Referencia de las lenguas, elaborado por el Consejo de Europa, debe definir qué es lo que se debe enseñar para conseguir los objetivos comunicativos previstos en cada uno de los niveles. En este sentido, "la exposición y uso de la lengua que el alumnado hace a través de los medios de comunicación tiene un efecto positivo muy significativo en la destreza de comprensión oral" (González y Egido, 2017, p. 604).

De entre todos los métodos de enseñanza de lenguas que ha habido a lo largo de la Historia desde el siglo XVIII, cabe destacar aquellos que se orientan al logro de la competencia comunicativa. Y en esta linea, todo parece indicar que nos movemos en la dirección de métodos más abiertos y menos estandarizados, donde tendrán más fuerza actividades que se centren en los valores, actitudes, sentimientos, autoestima y comunicación interpersonal (Hernández, 2000). Como expone Tomé (2010), las estrategias de feedback para la corrección de la pronunciación constituyen un factor fundamental y de modo particular las prácticas colaborativas entre los alumnos.

Si el bilingüismo es la regla más que la excepción y todas las lenguas que conocemos pueden ser aprendidas, la mera exposición pasiva a una lengua aparentemente no es el método más eficaz para aprenderla. Será necesario interactuar para adquirir conocimientos en ese idioma (Costa, 2017). Como afirma Wong (2017), "las críticas vertidas sobre las prácticas educativas actuales en la enseñanza de lenguas en escuelas de primaria y secundaria se han centrado especialmente en la preeminencia de un sistema conductista basado en la presentación, la práctica y la producción con una dependencia excesiva de materiales descontextualizados y un enfoque poco equilibrado, que ha llevado a la enseñanza directa de la lengua por encima de las destrezas comunicativas" (p.10).

Las redes sociales como las TIC y, en especial, la radio por su fácil accesibilidad, son la clave para promover un aprendizaje contextualizado y conectado de una segunda lengua (L2) o lenguas extranjeras. Una de las principales ventajas que aporta la puesta en marcha de una radio escolar online es la mejora en la fluidez del lenguaje oral (Ortega, 2015), sin dejar de lado la capacidad de desarrollar con este medio las otras competencias, como la expresión escrita, la comprensión oral y la escrita.

1.2. La alfabetización mediática

La Educomunicación o Alfabetización Mediática, Media Literacy en los países anglosajones, no es una disciplina nueva. El pedagogo brasileño Paulo Freire fue uno de los primeros precursores del término. Es utilizado desde la década de 1970 y fue admitido por la UNESCO en 1979, organismo que deposita en la Comunicación Educativa gran parte de sus esperanzas de transformación cultural, recomendando la educación "con", "a través" y "de" los medios, con el fin de adaptar los conocimientos de una sociedad dominada por la hiperinflación masmediática y la aculturación tecnológica a las nuevas formas de organización social. Se trata de ofrecer una Educación que enseñe a pensar y no a obedecer (Freire, 1975).

A lo largo de las tres últimas décadas, la experiencia acumulada en países como Estados Unidos, Japón, Francia, México o Brasil ha venido demostrando el gran potencial social y pedagógico de los nuevos medios como recursos didácticos de apoyo en los procesos de enseñanza-aprendizaje al servicio de la formación. La educación de excelencia y calidad se asocia por extensión a la calidad de los canales y sistemas de comunicación implementados en el proceso de aprendizaje (Sierra, 2000).

En esta línea se puede afirmar que la idea tradicional de "alfabetismo" (literacy) está vinculada al proceso de creación e interpretación del texto escrito. Como explica Scolari, (2016), en la pedagogía de Paulo Freire la alfabetización no se trata sólo de enseñar a leer y escribir. Hay que enseñar a interpretar críticamente lo que se lee para que el lecto-escritor se asuma plenamente como transformador de la sociedad.

Hoy día vivimos en un mundo donde los ciudadanos, especialmente los más jóvenes, no sólo consumen sino también producen mensajes a diario en las redes sociales. En este sentido, hay un cambio de perspectiva y se estudia con mayor interés cómo las audiencias construyen activamente el significado de los textos de los medios de comunicación. El viejo consumidor de medios ahora es un *prosumidor* (productor más consumidor), un sujeto activo que crea nuevos contenidos y los comparte en las redes sociales. Es en este contexto que emerge el concepto de alfabetismo transmedia (*transmedia literacy)* (Scolari, 2016).

Los cambios producidos en el entorno comunicativo durante la última década han obligado a revisar los parámetros desde los que se ha de impartir la educación mediática. La propuesta articulada de dimensiones y de indicadores presentada por Ferrés y Piscitelli (2012) permite definir la nueva competencia mediática. La propuesta ha sido realizada por los autores y ajustada a partir de las aportaciones hechas por 50 reconocidos expertos, españoles y extranjeros, y gira en torno a seis grandes dimensiones: lenguajes, tecnología, procesos de interacción, procesos de producción y difusión, ideología y valores, y dimensión estética. Además, está estructurada en torno a dos ámbitos de trabajo: el de la producción de mensajes propios y el de la interacción con mensajes ajenos.

Las primeras teorías sobre los medios de comunicación (Teoría de la aguja hipodérmica, Teoría de la bala mágica, etc), ya apuntaban que los medios tenían una gran influencia sobre la sociedad. De hecho, se consideraba que una sociedad, caracterizada por el aislamiento psicológico y la impersonalización, reaccionaba uniformemente ante los poderosos estímulos de los mensajes de los medios de comunicación (Rodrigo, 2007).

Por tanto, se plantea necesariamente formar a los ciudadanos en alfabetización mediática para favorecer la participación ciudadana, dentro del proceso de socialización del ciudadano y la formación en lenguas, en un momento en que nuestra sociedad está caracterizada por la riqueza multicultural. Keefer (2014), en su investigación sobre la gran influencia que ejercen los medios de comunicación sobre la educación de los niños, defiende que la alfabetización de los escolares es mayor en aquellos lugares que están más expuestos a un mayor número de emisoras de radio.

La sección de "Media Literacy" de la Alianza de las Civilizaciones de la Organización de las Naciones Unidas (ONU) inició hace unos años una web (www.aocmedialiteracy.org) que contiene recursos y materiales abiertos y disponibles para todos los ciudadanos del mundo en inglés, árabe y español, pero que además se complementa con una amplísima base de datos donde los recursos aparecen en más de 60 idiomas de los cinco continentes.

Fruto de la colaboración conjunta entre la ONU, el Parlamento Europeo, la Comisión Europea, y la UNESCO fue el "New Curriculum for Teachers on Media and Information Literacy". Como afirma Aguaded (2012), "no cabe duda de que la implicación de los organismos internacionales es una de las principales claves para el desarrollo de políticas globales, la concienciación de los gobiernos y la sensibilización ciudadana de que cada vez es más necesario educar a las personas –independientemente de su edad, raza, sexo, religión o lugar de procedencia– para una educación crítica, activa y plural ante los medios de comunicación" (p. 7).

A pesar de los avances en investigaciones de los últimos años y de las acciones del Parlamento y la Comisión Europea, España carece aún de políticas eficaces que favorezcan una verdadera alfabetización mediática (Contreras y Ponte, 2013). De entre las propuestas a tener en cuenta para la generalización de la alfabetización mediática en España, Margalef (2010) propuso fomentar la creatividad mediática de los jóvenes a través de radios de centro, además de TV, webs educativas, blogs y periódicos escolares.

Las diversas leyes de Educación que se han sucedido en los últimos años en España no han incluído en los currículos de los diferentes niveles de enseñanza una Educación mediática adecuada sobre el funcionamiento de los medios. Se empieza a desarrollar tímidamente en España en la década de los 80 con la Ley Orgánica General del Sistema Educativo (LOGSE) y, en la actualidad, se centra básicamente en el uso adecuado de las Tecnologías de la Información y Comunicación y en las diversas etapas.

La LOGSE ofertaba asignaturas optativas como "Imagen y Expresión" y "Procesos de Comunicación" en la ESO y "Comunicación Audiovisual" en Bachillerato. Gabelas (2006) menciona que la LOGSE, y la consiguiente descentralización del sistema educativo que conlleva, supuso la aparición de varios programas para fomentar la introducción de los periódicos en las aulas (Programa Prensa-Escuela), el uso de las nuevas tecnologías (Programa Atenea o Programa Alhambra) o la utilización didáctica de los medios audiovisuales (Programa Mercurio). Estos programas "suponen una implicación de las instituciones educativas para que los medios se integren en la educación", pero continúan "siendo muy instrumentalistas, careciendo de una visión integradora de todos y cada uno de los medios". (Gabelas, 2006, p. 17)

La siguiente Ley de Educación aprobada por el Gobierno español en el año 2002 (LOCE) tampoco abordó directamente la alfabetización mediática, entendida como la capacidad de acceder a los MC, comprender y evaluar con criterios diversos aspectos de los mismos y de sus contenidos. Se limitó a desarrollar en su artículo 22 la competencia comunicativa para comprender y expresarse en una o más lenguas extranjeras, y a "adquirir una preparación básica en el campo de las tecnologías fundamentalmente, mediante la adquisición de las destrezas relacionadas con las tecnologías de la información y de las comunicaciones, a fin de usarlas, en el proceso de aprendizaje, para encontrar, analizar, intercambiar y presentar la información y el conocimiento adquirido" (LOCE, 2002).

La Ley Orgánica de Educación, la LOE, aprobada en el 2006, dentro del estudio de la educación mediática se limita a introducir la Comunicación Audiovisual como principio pedagógico a tener en cuenta para trabajar en todas las áreas, junto con la comprensión lectora, la expresión oral y escrita, y las tecnologías de la Comunicación. Finalmente, la LOMCE, la Ley de Educación vigente en la actualidad, aprobada en el año 2013, al igual que sus predecesoras, destaca la incorporación de las Tecnologías de la Información y Comunicación como mera herramienta tecnológica. En su artículo 17 hace mención a la comunicación audiovisual como competencia a tener en cuenta en todas las áreas. Una vez más, la ley se centra únicamente en el aspecto tecnológico, a pesar de que reconoce que la globalización y el impacto de las nuevas tecnologías hacen que sea distinta la manera de aprender, de comunicarse, de concentrar la atención o de abordar una tarea. No va más allá y tampoco profundiza en el campo de la Alfabetización mediática para hacer frente a las nuevas necesidades de los estudiantes.

En definitiva, se trata de enseñar a comprender, analizar y usar los medios de comunicación, de educar y enseñar a través de los medios y transformarlos como materia de estudio (Oliva, 2006, p. 30).

1.3 La radio online

Internet proporciona un cambio profundo en las formas de hacer y consumir la radio. La distribución de contenidos bajo demanda permite personalizar cómo y cuándo se escucha, dónde y con qué dispositivo, gracias a tecnologías como el podcasting o la difusión en streaming (Videla y Piñeiro-Otero, 2017; Iglesias-García y González-Díaz, 2012). Así, la Red ha permitido que la radio rompa con las limitaciones de la señal hertziana, consiguiendo cierta ubicuidad, que permite al oyente escuchar la radio que prefiera desde cualquier lugar del mundo, a partir de un dispositivo conectado a Internet (Bonet, 2007).

Por otro lado, las Redes Sociales proporcionan a la radio un escenario adecuado para multiplicar el contacto con los oyentes y generar nuevas formas de participación e interacción, que hacen intercambiables los roles de emisor-receptor (Piñeiro-Otero, 2015).

Otra de las ventajas que aporta la radio online es el bajo coste y la facilidad para emitir por Internet. No es necesario hacer grandes inversiones en equipamiento, ya que es suficiente con un ordenador, un micrófono y una conexión a la Red. Por ello, es un recurso de fácil acceso en los centros educativos, como se verá a continuación.

2. Un proyecto de radio escolar: IES Mediterrània de Benidorm

Es en este contexto que surge Radio escolar IES Mediterrània de Benidorm. Esta radio online se plantea como una herramienta de motivación para favorecer el aprendizaje de lenguas en un entorno multilingüe y multicultural como es Benidorm, contemplando, a su vez, la posibilidad de trabajar destrezas, habilidades y valores, en un momento en que las nuevas generaciones no son únicamente emisores, sino también productores de los media.

Hay numerosos ejemplos a tener en cuenta. La experiencia llevada a cabo en la escuela de Vicente Forestieri de Córdoba (Argentina) ha permitido que niños y niñas que tenían dificultades en el aprendizaje pudieran, como resultado del uso de la radio, mejorar la lectura, la oralidad, la expresión, favoreciendo la autoestima, los vínculos de respeto y solidaridad (Carram et al, 2005).

En Ghana y en Burkina Faso, en África, se planteó la Radio hace unos años como instrumento que pudiera mejorar el acceso al contenido didáctico y formar a sus habitantes en la lengua local, mejorando, así, la calidad educativa (Tsalafoutas, 2009). En España, entre las iniciativas surgidas cabe destacar aquellas que cuentan con el apoyo de las administraciones públicas, como Media Radio, un recurso en línea del Centro Nacional de Comunicación e Información Educativa (CNICE); y el proyecto Xtec Radio, impulsado por el Departament d'Educació de la Generalitat de Catalunya o Publiradio, una aplicación on-line de innovación docente financiado por la Agència de Gestió d'Ajuts Universitaris i de Recerca (AGAUR) de la Generalitat de Catalunya (Perona, 2008).

No es una novedad. Radio y Educación siempre han ido de la mano. Desde la aparición de la radio en los años 20 del siglo pasado, siempre ha habido interés por adjudicarle alguna finalidad educativa, tanto en Europa como en Estados Unidos. Y años más tarde (50, 60), en España, con el radioteatro y las dramatizaciones de historias y cuentos (Melgarejo y Rodríguez, 2013).

Radio IES Mediterrània se puso en marcha en octubre pasado, coincidiendo con el inicio del curso académico 2017-2018. No obstante, durante el curso anterior ya se trabajó la radio entre los escolares dentro del aula. Tuvo muy buena aceptación entre el alumnado y sus familiares, por lo que se planteó la posibilidad de crear una radio de centro, radio IES Mediterrània de Benidorm.

Con el apoyo de dirección, se puso en marcha el proyecto y se elaboró un informe para incluirlo en el PAM (Plan de Actuación para la Mejora), que elabora la Conselleria de Educación de la Generalitat Valenciana, para asignar horas adicionales de profesorado a los centros sostenidos con fondos públicos. De esta manera, se imparte un Taller de Radio de dos horas semanales dirigido a chicos y chicas de 1º de ESO (12-13 años de edad).

El alumnado de este Taller, además de aprender cómo elaborar programas (entrevistas, reportajes, informativos...), aprende el manejo técnico de la radio: graban programas, realizan conexiones con el exterior por vía telefónica y montan la grabación mediante el programa Audacity. Son 10 alumnos, entre los que se encuentran niños con Síndrome de Asperger, Autismo, Parálisis Cerebral y Síndrome de Down.

Es una radio online que se plantea como herramienta de motivación para mejorar el aprendizaje de lenguas en un entorno multilingüe. Los programas elaborados por las alumnas y los alumnos se graban en podcast y se alojan en la plataforma IVOOX, a la cual se accede desde la página web del centro. Además, el programa radiofónico se sube también a la web del centro educativo, acompañado de fotografías, para darle una mayor difusión (http://mestreacasa.gva.es/web/iesmediterrania).

También participan estudiantes de todos los niveles, desde 1º de ESO hasta 2º de Bachillerato, incluídos los de los Ciclos Formativos. Se ha implicado el profesorado de idiomas (Valenciano, Castellano, inglés y Francés), de Geografía e Historia, Música, de los Ciclos Formativos de Turismo, Dirección de Cocina y de Hostelería. Coordina el proyecto la profesora de Lengua y Literatura Valenciana, aunque, por el momento, no dispone de horas reales de dedicación. No existe una relación real entre las necesidades e intereses de los niños y los que ofrece la escuela actual, en muchas ocasiones caracterizada por una filosofía anquilosada en lo tradicional, (a veces por falta de medios y empuje), o en el discurso del tipo "clase magistral".

3. Objetivos

Como explica Perona (2007, p. 1871), en los centros en los que se ha puesto en marcha una emisora, o bien se ha introducido el trabajo con el medio a partir del análisis de productos radiofónicos o ideación de los mismos, sus responsables han constatado su enorme validez para, entre otras cosas:

1. Aprender y usar varias lenguas a la vez.

2. Fomentar el amor por la diversitat lingüística.

3. Fomentar y reforzar el trabajo en equipo.

4. Potenciar la iniciativa y la capacidad creadora del profesorado involucrado en el proyecto.

5. Mejorar la expresión oral y escrita entre los estudiantes, así como la utilización de los signos de puntuación.

6. Favorecer la integración del alumno/a, aproximándolo a su entorno.

7. Desarrollar una nueva manera de educar: abierta a la vida, democrática, crítica y solidaria.

8. Dinamizar la comunicación entre la comunidad escolar.

9. Aumentar de forma significativa el uso de la biblioteca. La sociedad actual, por sus características, sistema de comunicaciones, valores que promueve, etc., potencia esta cultura de la imagen.

En definitiva, se trata de enseñar a comprender, analizar y usar los medios de comunicación, de educar y enseñar a través de los medios y transformarlos en materia de estudio (Oliva, 2006, p. 30).

4. Materiales

La puesta en marcha de la radio se inició tras tomar la decisión el equipo directivo de ubicar la emisora en la biblioteca del IES, espacio de trabajo utilizado por toda la comunidad educativa y una forma de acercar y dar a conocer este medio de comunicación, tanto al profesorado como al alumnado. Seguidamente, se procedió a dotar la emisora con el material necesario para ponerla en funcionamiento y que se resume en:

1. Una mesa de mezclas de superficie de 10 canales.

2. Cinco micrófonos de mano con interruptor.

3. Cinco bases de sobremesa Adam Hall S8B.

4. Seis auriculares LD HP500.

5. Amplificadores de auriculares.

6. Antivientos para micrófonos.

7. Un micrófono de pie Dynamic Vocal Mcrophon.

8. Dos micrófonos estéreos inalámbricos.

9. Un ordenador.

10. Conexión a internet.

Los propios alumnos matriculados en el Taller de Ràdio son los que se encargan de su mantenimiento.

5. Resultados

Han sido numerosos los programas que han producido los escolares desde que se iniciaron las emisiones de Radio IES Mediterrània el pasado mes de octubre, coincidiendo con la festividad del día de la Comunidad Valenciana. El primer programa se dedicó a trabajar los contenidos de Historia referentes a la celebración del día de la Comunidad Valenciana con la profesora de valenciano y, para ello, entrevistaron a un historiador local. Se elaboró con alumnos de 3º de ESO, quienes trabajaron previamente el tema, escribieron los guiones y grabaron el programa. En todo momento tuvieron una actitud muy positiva.

Desde entonces, se han grabado 14 programas en las lenguas presentes en el centro educativo (Valenciano, Castellano, Inglés y Francés). Algunos de estos programas han coincidido con fechas tan señaladas como el Día contra la Violencia de Género, Halloween, Navidad, Día de la Paz y Día de la Mujer Trabajadora.

Otros programas han trabajado los contenidos de las asignaturas, como las tertulias literarias sobre los libros de lectura, espacios radiofónicos sobre Turismo y Gastronomía para dar a conocer los ciclos que oferta el centro, Noticiarios, etc. Con títulos tan sugerentes como "Créixer en Igualtat", "Retallant estereotips", "Positive Disrupters", "Tertulia Literaria con…", "Per un Turisme d'Emocions", "Cooking Experience", "Música per la Pau", "Tourism Studies" o "Periodistes a l'Atac". Este último está realizado por alumnos/as con Autismo, Síndrome de Down, Parálisis Cerebral y Asperger (ver tabla 1).

Tras concretar el tema del programa, se procede a trabajar en clase. Se utiliza Internet para buscar información, tanto del contenido como de la persona seleccionada para entrevistarla. A continuación, se clasifica la información y se forman equipos para trabajar las diferentes partes del programa.

Tabla 1. Descripción de programas de radio

Programas	Género	Grupos	Lengua
Inaugurem la Radio	Entrevistas: Alcalde, Director Historiador Altea	1º y 3º ESO Diversidad Funcional	Valenciano
FPB in Halloween'17	Reportaje Halloween	2º FPB	Inglés
Créixer en la Igualtat, retallant estereotips	Reportaje Violencia de Género	3r ESO-B	Valenciano
La Revolució dels Tàpers	Magazine Gastronomía	1º Dirección de Cocina	Cast. Val. Inglés
Periodistas a l'Atac amb... Màrio Molines	Entrevista periodista con Parálisis Cerebral	Alum. Diversidad Funcional	Castellano Valenciano
Tertulia Literaria con... Hércules	Tertulia Literaria	1º PMAR	Castellano
Positive Disrupters: per un turisme d'emocions	Reportaje Turismo Emociones en adolescentes Benidorm	1º Bachillerato	Valenciano Castellano Inglés
Rondalles	Literario Les Marines	1º ESO	Valenciano
Tourism Studies	Informativo	2º de Turismo	Inglés
Cooking Experience	Magazine	2º Dirección de Cocina	Inglés
Música per la Pau	Magazine entrevista músico	4º ESO	Valenciano
Dia de la dona	Reportaje	2º Bachillerato PMAR 3º ESO	Cast.ellano Francés Valenciano
Periodistes a l'atac amb... Vanesa	Día de la Mujer alumna campeona Taewkondo	Taller de radio Diversidad funcional	Valenciano Castellano
Mediterrània News	Noticias	2º Bat	Val. Inglés Francés

Fuente: elaboración propia.

También se decide quién o quiénes serán los presentadores, encargados de dirigir el espacio y quienes darán paso a las diferentes secciones del mismo. Como paso previo a la redacción del programa, se les forma en lenguaje radiofónico y sus características, vocalización, respiración y oralidad. Finalmente, se graba el programa en las instalaciones de la radio que están ubicadas en la biblioteca, se monta, se sube a la plataforma IVOOX, y al enlace de la página web.

Desde octubre de 2017, han participado un total de 206 alumnos de diversos niveles, desde 1º de ESO hasta 2º de Bachillerato, además de los Ciclos Formativos de Dirección de Cocina y Turismo. El mayor porcentaje de participación se ha registrado en 3º y 4º de ESO, con edades comprendidas entre los 14 y los 16 años. No hay un motivo aparente que determine la participación o no de un determinado grupo. Va a depender, en gran medida, del interés y de la motivación del profesor/a. Los alumnos de Diversidad Funcional (Autismo, Asperger, Parálisis Cerebral y Síndrome de Down), que participan también en el Taller de Radio, están matriculados todos ellos en 2º de ESO y también colaboran en las actividades de su grupo, (Ver tabla 2).

Tabla 2: Número de alumnos que han elaborado programas en la radio.

Niveles	**Nº de alumnos**
1º y 2º ESO, Taller de Radio (12-13 años)	35
3º y 4º ESO, PMAR	88
1º y 2º Bachillerato	27
1º y 2º de Turismo	10
1º y 2º de Dirección Cocina	40
Diversidad Funcional	6

Fuente: elaboración propia.

Los programas de radio se pueden escuchar desde la plataforma IVOOX y desde la web del centro, acompañados de fotografías, y es difícil contabilizar el número de visitas que registran los archivos de audio. Hasta el momento se han registrado alrededor de 400 escuchas en IVOOX. Debe tenerse en cuenta que los espacios radiofónicos son más escuchados directamente desde la página web, a causa del factor visual que aporta la fotografía.

6. Conclusiones

Radio IES Mediterrània, aunque es una radio de reciente creación, ha encontrado entre el alumnado del centro una gran acogida. Chicos y chicas trabajan con entusiasmo en todas las fases del proceso. La elaboración y grabación de un programa de radio implica trabajar las cuatro competencias, tanto las orales como las escritas, a la hora de redactar los guiones, buscar información sobre los temas elegidos y grabarlos (compresión oral y escrita, expresión oral y escrita). De un programa al siguiente mejoran notablemente, tanto en la redacción como en la oralidad. Dicha mejora se puede comprobar en los podcasts subidos a la plataforma. Además, los alumnos de diversidad funcional han encontrado en la radio una forma de empoderarse, de incrementar su autoconfianza tanto en el proceso de aprendizaje como en el de integración social.

En estos momentos son los escolares los que piden a sus docentes hacer un programa de radio. El profesorado se va uniendo poco a poco a la iniciativa. No obstante, los profesores de las materias científicas son los que tienen más dificultad en plasmar los contenidos de su asignatura. En este sentido, sería importante contar con horas de coordinación para asesorar y poder trabajar con más grupos, además de difundirlo por las redes sociales.

En un futuro está previsto hacer encuestas a los alumnos y entrevistas a los profesores, para conocer con detalle la repercusión que está teniendo el trabajo en la radio. Por un lado, se pretende conocer la percepción del alumnado de si su trabajo en la radio favorece su aprendizaje, si está mejorando la motivación y las habilidades sociales en el grupo, y por otro lado, conocer su impacto en el conocimiento de la materia, analizando la evolución de las calificaciones.

Referencias bibliográficas

Aguaded J.I. (2012). Apuesta de la ONU por una educación y alfabetización mediáticas. Revista Comunicar, 19(38), 7-8. Recuperado de https://goo.gl/YjtX5R

Akyeampong, K. (2009). Las tecnologías multimedia y reforma educativa en África: el caso de Ghana. Revista Comunicar, 16(32), 109-118. Recuperado de https://goo.gl/mRXbPE

Bonet Bagant, M. (2007). Nuevos caminos para la radio. Un proceso productivo digital para un negocio analógico. Revista Telos, 73, octubre-diciembre de 2007, Fundación Telefónica de España, Madrid.

Carram, M., Soria, G., y Llimós, Gabriela et al. (2005). La Radio en laEscuela. ¿Sólo un medio para aprender más? Ponencia Llimos. Escuela Vicente Forestieri. Córdoba. Argentina. Recuperado de https://goo.gl/ZdxWM3

Contreras, P. y Ponte, C. (2013). Presente y futuro de la alfabetización mediática en Europa: el caso español y portugués. Chasqui,(124), 19-25. Recuperado de https://goo.gl/E4CMRT

Cortés, J. A. (2017). Estudio sobre consumo de radio entre usuarios de talleres de radio con discapacidad intelectual o del desarrollo. Sphera Publica, 1 (17), 169-185.

Costa, A. (2017). El cerebro bilingüe. La neurociencia del lenguaje. Barcelona, España: Debate.

Ferrés, J. y Piscitelli, A. (2012). La competencia mediática: propuesta articulada de dimensiones e indicadores. Revista Comunicar, 19(38), 75-82.

Freire, P. (1975). Una deuda recíproca.Pedagogía del Oprimido. Madrid, España: Editorial Siglo XXI.

Gabelas, J.A. (2006). Una perspectiva de la educación en medios para la comunicación en España. Revista Comunicar, 15(28), 69-73. Recuperado de https://goo.gl/Agvn7H.

González, M. y Egido, I.(2017). Factores explicativos del aprendizaje de la comprensión oral en lengua inglesa en educación secundaria: comparación entre España y Holanda. Revista Complutense de Educación, 28 (2), 591-607.

Gumucio, A. (2007). Una deuda recíproca. Comunicación y Educación. La Hojarasca, alianza de escritores y periodistas 31. Recuperado de https://goo.gl/GRWTsF

Hernández, F.L. (2000). Los métodos de enseñanza de lenguas y las teorías de aprendizaje. Revista de investigación e innovación en la clase de idiomas. Encuentro. 141-153. Recuperado de https://goo.gl/AjdnTr

Iglesias-García, M. y González Díaz, C., 2012. Podcasting, una herramienta de aprendizaje para la docencia universitaria. El caso del ciberperiódico Comunicando. Razón y palabra, (81), 40 – 11.

Janés, J. (2006). Las actitudes hacia las lenguas y el aprendizaje lingüístico. Revista Interuniversitaria de Formación del Profesorado, v.20, n.2, 117-132. Recuperado de https://goo.gl/m8NrVv

Keefer, P. y Khemani, S. (2014). Mass Media and public education: The effects of Access to community radio in Benin. Journal of Development as Economics, 109, 57-72. 16p.

Ley Orgánica 8/1985, de 3 de julio, reguladora del Derecho a la Educación. Boletín Oficial del Estado, 4 de julio de 1985, Nº 159, 21015-21022.

Ley Orgánica 1/1990, de 3 de octubre, de Ordenación General del Sistema Educativo. Boletín Oficial del Estado, 4 de octubre de 1990, Nº 238, 28927-28942.

Ley Orgánica 10/2002, de 23 de diciembre, de Calidad de la Educación. Boletín Oficial del Estado, 24 de diciembre de 2002, Nº 307, 45188-45.220.

Ley Orgánica 2/2006, de 3 de mayo, de Educación. Boletín Oficial del Estado, 4 de mayo de 2006, Nº 106, 17158-17207.

Ley Orgánica 8/2013, de 9 de diciembre, para la Mejora de la Calidad Educativa. Boletín Oficial del Estado, 10 de diciembre de 2013, Nº 295, 97858-97921.

Margalef, J.M. (2010). Retos y perspectivas de la educación mediática en España, Madrid: Instituto de Formación del Profesorado, Investigación y Publicaciones (IFIIE). Ministerio de Educación.

Melgarejo, I., y Rodríguez, I. M. (2013). La radio como recurso didáctico en el aula de infantil y primaria: Los podcast y su naturaleza educativa. Tendencias Pedagógicas, 21, 29-46. Recuperado de https://goo.gl/Fb64tF

Oliva, M. (2006). Panorámica de la educación en comunicación audiovisual. *Quaderns del CAC, 25,* 29-40. Recuperado de https://goo.gl/Ko1o5n

Ortega, C. (2015). *La radio escolar en Andalucía.* (Trabajo Fin de Grado) Facultad de Ciencias de la Comunicación. Universidad de Málaga. Recuperado de https://goo.gl/goHEkk

Perona, J. J., Barbeiro, M., y Fajula A. (2007). Radio: Nuevas experiencias para la educación en comunicación audiovisual. *5º SOPCOM - Comunicação e Cidadania* - Actas do 5º Congresso da Associação Portuguesa de Ciências da Comunicação. Universidade de Minho. Portugal.

Piñeiro-Otero, T. (2015). Los 'Radio Studies' en España. Tres décadas de investigación en las revistas académicas de Comunicación. *Estudios Sobre El Mensaje Periodístico, 21*(2), 1169-1188.

Rodrigo, M. (2007). *Los Modelos de la Comunicación.* Madrid, España: Tecnos.

Scolari, C. A. (2016). ¿Qué están haciendo los adolescentes con los medios fuera de la escuela?. *Relpe.Red latinoamericana portales educativos.* Recuperado de https://goo.gl/PvW5DD

Sierra, F. (2000). *Introducción a la Teoría de la Comunicación educativa.* Colección Universitaria Ciencias de la Información. Sevilla, España: MAD. Recuperado de: https://goo.gl/HsN8fY

Tomé, M. (2010). Enseñanza y aprendizaje de la pronunciación de una lengua extranjera en la web 2.0. *Revista de Lingüística y Lenguas Aplicadas.* 5, 221-239

Tsalafoutas, I. (2009). *Proyecto para la implantación de una radio comunitaria en el centro cultural de Koudougou (*Trabajo Final de Grado). Universitat Politècnica de Catalunya. Barcelona

UNESCO (1996). Los cuatro pilares de la educación. En la educación encierra un *tesoro.* Informe de la Comisión Internacional sobre la Educación para el siglo XXI. Recuperado de https://goo.gl/sZRQGj

Videla Rodríguez, J.J. y Piñeiro-Otero, T. (2017): La radio online y offline desde la perspectiva de sus oyentes-usuarios. Hacia un consumo híbrido. Estudios sobre el Mensaje Periodístico 23 (2), 1437-1455.

Villarón M.G. y Egido, I. (2017). Factores explicativos del aprendizaje de la comprensión oral en lengua inglesa en educación secundaria: comparación entre España y Holanda. *Revista Complutense Educación*, 28(2), 591-607. Recuperado de https://goo.gl/p71bXo.

Wong, L.H, Sing-Chai, CH. y Poh-Aw, G. (2017). Aprendizaje de idiomas "sin costuras": Aprendizaje de segundas lenguas y redes sociales. *Revista Comunicar*, 25, 9-21.

CAPÍTULO VI

EDUCACIÓN ARTÍSTICA PARA EL SIGLO XXI: EL PAPEL DE LAS TECNOLOGÍAS Y LOS MEDIOS DIGITALES

Dra. Mª Dolores Callejón-Chinchilla,
Universidad de Jaén

Dr. José-Pedro Aznárez López
Universidad de Huelva

Resumen

Desde hace años venimos reflexionando sobre la intersección entre arte, educación y tecnología; teniendo en cuenta los cambios en las teorías y formatos artísticos, defendiendo la necesidad de educar en y con las imágenes y las pantallas, desde la cultura y el pensamiento visual, con los nuevos recursos y medios digitales. Sin embargo, hoy nos cuestionamos si esto, realmente, ha ido transformando nuestras prácticas, si se ha propiciado una renovación docente, en las formas de organización, en los planteamientos metodológicos, implicando nuevos procesos de enseñanza y aprendizaje. Analizamos de manera crítica, desde una perspectiva biográfica, nuestro recorrido personal, la experiencia profesional, con los cambios vividos (y sufridos) a lo largo de los años, el conocimiento de nuevos recursos y sus posibilidades de aplicación (real) en las aulas. Consideramos la necesidad de contrastar nuestros relatos con los de otros compañeros, compartir las prácticas desde la investigación-acción, para establecer líneas de actuación comunes, y que nos permitan, de verdad, hacer cosas nuevas, innovar. Y nos planteamos si nuestra área -la didáctica de las artes visuales- ha ido avanzando, adaptándose a los nuevos retos sociales, de manera que nos permita defender nuestro papel en la revalorización de la competencia cultural, del arte y la actividad artística, y, en general, en una educación para la sociedad del siglo XXI.

Palabras claves

Educación Artística, retos sociales, tecnología, innovación, reflexión-crítica, narrativa-biográfica.

1. Introducción

Mi pasión por Julio Verne (1828-1905) me la inculcó mi madre; ella me contaba, que cuando era pequeña no le gustaba la ciencia ficción, hasta que fue descubriendo, que todo aquello que entonces leía en las historias escritas, se iba haciendo realidad; algo que el mismo Verne decía: "Todo lo que un hombre es capaz de imaginar, otros podrán un día hacerlo realidad"[1].

En un texto inédito hasta 1994 (Butcher, 2015), Verne describía un París en el siglo XX, en el que las casas estarían conectadas por una red que permitiría enviar incluso escritos, ilustraciones, firmar contratos a grandes distancias; anticipó una telegrafía fotográfica p -así lo llamó el-, por medio de una red que cubriría toda la superficie de la tierra (Verne, 1863, p. 39) Aunque él, más que un visionario –pues estos objetos existían ya como prototipos-, se interesó por su utilidad, integrando los avances en el conocimiento en la vida cotidiana de los personajes que aparecían en sus obras de literatura, en su ficción (Weissenberg, 2004).

También dijo Verne que llegaría un momento en el que las creaciones de la ciencia superarían a las de la imaginación (Lemire, 1908). Y el momento, parece que ha llegado; los cambios son tan rápidos en esta sociedad tecnológica, de la información y el conocimiento que, en muchos ámbitos, como en la educación, solo somos capaces de ir detrás con la lengua fuera, intentando adecuarnos, en lo posible, a lo que vivimos.

Siguiéndole, nos preguntamos cual es el uso y la utilidad real de toda esta tecnología en la escuela, de esta tecnología para la educación artística.

2. Adaptándonos: las tecnologías en la educación

Hace unos días, en un foro en el que cuestionabamos a las alumnas del Prácticum del Grado de Educación Infantil (Universidad de Jaén), sobre las metodologías utilizadas en esta etapa, tuvimos que leer: "Creo que existe una relación directa y evidente entre la forma de trabajar de un docente y su edad; ya que aquel que lleve ejerciendo su trabajo desde hace más de 30 años puede estar anticuado con las nuevas tecnologías y no irá al unísono con las nuevas sociedades modernas, por lo tanto, su forma de llevar a cabo la enseñanza estará obsoleta".

Tuvimos que contestar: "No creas que es la edad lo que hace que el docente lleve a cabo procesos de enseñanza-aprendizaje obsoletos y anticuados. El

---

[1] Aunque hay dudas sobre la autenticidad de determinados textos, como señala Vierne (1966), Verne fue un gran trabajador, muchas obras fueron postumas, con correcciones de su editor, recogidas por su hijo, o en el acervo popular, sin confirmar su autoría. Esta frase está traducida por el autor de la página web del Museo de Julio Verne en su ciudad natal, Nantes (Francia).

trabajo por proyectos, del que hablas –previamente había tratado de ello-, lo proponen autores del siglo XIX y aun algunos "modernos" y jóvenes de hoy lo consideran una innovación. Además, no siempre, el uso de las tecnologías digitales supone un planteamiento didáctico y practicas docentes novedosas, y, lo que es peor, ni siquiera eso significa que se tengan en cuenta las necesidades de los alumnos, las capacidades que los preparen para vivir en una sociedad que aún, ni sabemos cómo será".

Sí, los que tenemos ya una trayectoria –los que llevamos trabajando más de 20 años en la enseñanza-, reconocemos en términos "nuevos", lo ya vivido. Es el caso de lo que llaman *la clase invertida* (*flipped classroom* en inglés), que ocurre cuando "los sucesos que tienen lugar tradicionalmente dentro de la clase, toman un nuevo lugar fuera de la clase y viceversa" (Lage, Platt y Treglia, 2000, p.32)- Este es hoy, un término -acuñado por Walvoord y Johnson Anderson (1998) y popularizado en 2007 por Bergman y Sams (2012)-, que está de actualidad, aunque curiosamente, como señalan Bishop y Verleger (2013), está más presente en blogs y artículos de opinión que en publicaciones académicas, es decir, tiene un elevado índice Kardashian (Hall, 2013)[2]. Pero esta modalidad de enseñanza es lo que proponía hace años Apple ©, al publicar propuestas didácticas con el uso de sus productos y herramientas para que sirvieran de modelo. En estas, los alumnos recopilaban textos, imágenes y sonidos para luego llevarlos a clase y trabajar con todo ello; recursos digitales que sirven –nos dicen-, para "despertar la creatividad de cada estudiante", para "ser el profesor que siempre quisiste tener" (Apple, 2018). Y era una de las prácticas que, como ejemplo de metodologías didácticas, ya mostrábamos a nuestros alumnos -futuros docentes-, en los primeros años de este nuevo siglo. La empresa ofrecía (y ofrece) formación y soporte e incluso financiación para la adquisición de medios tecnológicos. Esto, con sus defectos, en aquellos momentos, permitió, llevar la tecnología, a muchos centros educativos de nuestro país.

Estos planteamientos también forman parte del trabajo por proyectos; y de los primeros seminarios de formación-investigación universitarios que presentaban una alternativa a las tradicionales "cátedras" (Diccionario Santillana de las Ciencias de la Educación, 2003); y, tienen que ver, entre otros referentes clásicos, con la teoría cognitiva de Piaget y la zona de desarrollo próximo de Vigotsky, el constructivismo y el aprendizaje colaborativo, el aprendizaje activo de Dewey... y, aunque todo esto haya sido favorecido, especialmente por las potencialidades de la web 2.0. que facilita la búsqueda, creación, publicación y sistematización de información, el que los alumnos se acerquen al tema previamente, se preparen e informen sobre

---

[2] El índice Kardashian es el factor de impacto (visibilización) de las *celebrity* frente al de los académicos (Hall, 2014), un tema sobre el que tendríamos que reflexionar, de interés y en relación con lo que tratamos, la educación visual y audiovisual y la tecnología.

los contenidos, para luego tratarlos con profundidad, trabajar sobre ellos en la clase, no es algo nuevo. Además, como cualquier otra modalidad, aunque ofrece posibilidades, también precisa determinadas condiciones -en este caso, en esta manera cooperativa de aprender, lo ideal son grupos pequeños (Huber, 2008), lo cual no es con lo que nos encontramos habitualmente-; y, pueden suponer problemas o dificultades, por ejemplo, cuando trabajamos con niños y los adultos responsables no los apoyan en el trabajo previo de búsqueda-; o cuando existen diferencias en el acceso a la información, entre otros aspectos; por lo que son, como todo, criticables (Bishop y Verleger, 2013) y no se pueden dogmatizar.

Sí, mucho de lo que se presenta como novedoso, no siempre lo es tanto como parece, ni todo tan útil o tan fácil como se pretendía.

Respecto a las tecnologías -que sin duda facilitan posibilidades de cambio-, según las conclusiones del estudio *Prácticas docentes y rendimiento estudiantil. Evidencia a partir de TALIS 2013 y PISA 2012* (Méndez, 2015) la formación del profesorado en ellas, es de lo que menos afecta en el resultado académico de los alumnos. Aunque no conocemos que variables extrañas pueda haber en la investigación, sobre todo, sabemos que el que se enseñe, no significa que se aprenda, ni que incluso, aunque se aprenda, se implemente. Pues, formar al profesorado, se ha hecho, con mayor o menor acierto, con mejores o peores resultados.

En el ámbito docente nos hemos visto obligados –aunque muchos, también, estuviéramos interesados"- a irnos adecuando a las innovaciones para poder ir ofreciendo a nuestros alumnos, conocimientos y recursos actuales. Y, de manera especial, en una mezcla de atracción y necesidad, desde hace años, hemos ido siendo aleccionados de la importancia de formarse en los nuevos medios; primero, en las entonces llamadas *mass media* y *nuevas tecnologías* (NNTT) -que comprendían incluso el uso de la radio, el cine, la televisión, el vídeo, etc.-, los cuales, a pesar de sus potencialidades, y de sus muchos e importantes defensores -como Freinet-, no lograron el cambio educativo (Pedró, 2017); aunque es verdad que los actuales medios tienen un impacto mucho mayor, también es menor su vigencia, en muchos casos.

A principios de los años 90 (del siglo XX), en los cursos de informática para docentes, aprendíamos de memoria (o apuntábamos) los códigos del sistema operativo MS-DOS, necesarios para poder escribir y sacar por la impresora, un texto en el que se podía diferenciar entre mayúsculas y minúsculas, poner títulos, en negrita, y poco más, que sirvieron para hacer listas de clase o sacar exámenes y nos facilitó la redacción, y, especialmente la apariencia y modificación- de los Proyectos educativos del centro (PEC), proyectos curriculares y programaciones, como concreciones del Diseño Curricular Base (DCB) que, por entonces, estableció como obligatorios, la

Ley Orgánica de Ordenación General del Sistema Educativo. (LOGSE, 1990)[3].

Desde finales del siglo XX a las primeras décadas del XXI, fue cambiado la interfaz gráfica de la tecnología[4], facilitando su uso, simplificando el diseño y la programación, mejorando las comunicaciones; la sociedad se estaba configurando en red (Castell, 2006) apareciendo nuevos escenarios y pronto, los primeros *entornos de aprendizaje* y *comunidades virtuales* llamaron la atención en los ámbitos educativos (Coll y Monereo, 2008). La formación se centró entonces, en estos "espacios de realidad virtual"; pero, aunque fueran de gran utilidad para la preparación de los pilotos y quizás en algunos otros ámbitos de las ciencias o tecnologías aplicadas, en educación parecía difícil su implementación. Pero fuimos aprendiendo. En aquellos momentos, llegamos a construirnos un avatar, invitar a los alumnos a encontrarnos en habitaciones del Habbo Hotel © para una reunión virtual, y conocimos los primeros *chats*; utilizábamos el correo electrónico, que fue un gran avance, de utilidad, pues llegaba rápidamente la información y no nos perdíamos –como hoy-, en la maraña de mensajes; aprendimos a hacer y evaluar actividades con Hot Potatoes o Jclic, plantear Webquest como mapas del tesoro, útiles tan diferentes como *podcats*, *mindmapping*, etc. Aun no sabíamos de la importancia de la protección de nuestros datos, y nos inscribíamos en unos y otros programas, servicios o plataformas, para poder acceder a ellos, en busca de alguna utilidad didáctica.

Algunos, además, por propia iniciativa, no queríamos quedarnos atrás, y, empezamos a formar parte de redes como la *Comunidad de artistas-docentes* creada por Ángeles Saura en enero de 2009 en la plataforma Ning[5] -que se abandonó definitivamente en 2017, al convertirse en una red de pago-, o la *Red Iberoamericana de Educación Artística* (RIAEA), que comenzó en un grupo de Yahoo (2009), se pasó a Ning (2010), y, actualmente sigue en redes sociales gratuitas como Facebook[6], que, de igual manera nos permitían entrar en relación y estar en contacto con otros profesionales, compar-

---

[3] El PEC, con los diversos documentos que incluye, fueron ya marcados como instrumentos de planificación por la Ley Orgánica de Derecho a la Educación (LODE, 1985) y su desarrollo normativo ulterior, e incluso ya antes lo elaboraban algunos centros, puero fue esta ley la que los dinamizó.

[4] En las últimas décadas las pantallas táctiles, han facilitado de nuevo el uso de la tecnología, pero, seguramente el cambio será mucho mayor cuando se generalicen aquellas que consiguen relacionar el cerebro con la computadora (BCI o *Brain-Computer Interface, en inglés*).

[5] http://arteweb.ning.com

[6] http://groups.yahoo.com/group/rediberadeart/; http://redeiberoamericanadeeducacionart.ning.com; http://www.facebook.com/#!/group.php?gid=112843582093927

tir experiencias, informar de eventos, organizarnos e incluso discutir teorías[7]. Y, a principio de los años 2000, para la autoformación, como grupo de trabajo del Centro del profesorado de Sevilla, conscientes de la importancia de estar en la red, de la relevancia que tomaba todo el universo de lo digital y la visualidad (en la vida y en los ámbitos educativos), llegamos a crear en 2004 una revista digital: *Red Visual: revista digital de educación artística y cultura visual*[8], con la intención de compartir experiencias, reflexionar sobre nuestras prácticas y aprender sobre los medios y la cultura visual.

Con el paso del tiempo hemos ido aprendiendo, enseñado y defendido el uso de los recursos tecnológicos y digitales; unos resultaron más costosos que otros –en dinero y/o tiempo-; algunos ocuparon un lugar, manteniéndose, otros no se llegaron siquiera a implantar o generalizar su uso, quedando obsoletos, se actualizaban o desaparecían: diversos tipos de hardware y software, y no solo programas informáticos sino también gestores de contenidos o plataformas de formación, herramientas de la web 2.0. -que comenzó a hacerse social, interactiva, implicando al usuario-, a las de la web 3.0 - semántica, más inteligente y personalizada- (O'Reilly, 2007). Las aplicaciones de maquetación de texto dieron paso a otras que permitían realizar presentaciones visuales (del Power Point al SlideShare y de estos a Prezzi u Genially), comenzamos a dibujar y diseñar digitalmente (primero por medio de planos y luego en volumen); dejamos la utilidad de la fotocopiadora para modificar imágenes (que ya empezábamos a hacer también digitalmente), etc. El uso del trabajo colaborativo en espacios compartidos con foros, wikis, chats y blogs, etc., y, especialmente las redes sociales fomentaron la retroalimentación con nuestros alumnos, en algunas ocasiones conseguíamos que la participación de los alumnos en algunas actividades fuera tal, que se llegaban a bloquear las aplicaciones, teniendo que vaciar la información cada cierto tiempo.

En veinte años -que son muchos, pero no tantos-, hemos pasado del retroproyector o proyector de dispositivas[9], al cañón o vídeo proyector conectado al ordenador, que nos permitió ofrecer una enseñanza multimedia; y, de estos, a las pizarras digitales, interactivas y conectadas que quedaron por la expansión del uso de las tabletas, y, sobre todo, del teléfono móvil (*smartfone*), que ya, sin duda, se ha convertido en el dispositivo por excelencia, que junto a los vídeo juegos en red y los canales de Youtube, son los recursos

---

[7] Ahora estamos también en Academia.edu o Linkedin, pero son redes más centradas en la visibilización profesional de cada uno.

[8] http://www.redvisual.net

[9] En 1998 Aguaded y Martínez-Salanova en su manual Medios, recursos y tecnología didáctica, aun enseñaban como hacer las trasnparencias manualmente, con acetatos.

del siglo XXI –siempre, claro, según las posibilidades y disponibilidad de los centros, los profesores y/o los alumnos-; por ahora, pues pronto dejaremos de necesitar la máquina para conectarnos y lo haremos directamente con algún dispositivo acoplado a nuestro cuerpo, ya sea en forma de gafas, pulsera, chip o lo que sea, que no sabemos.

Pero, realmente los cambios educativos no llegan solo de la tecnología, sino del avance (real) del conocimiento, de las nuevas concepciones de los procesos de enseñanza-aprendizaje, aunque propiciados y facilitados por ella. Si Marquès Graells en 2006 señalaba la pizarra digital como el mejor instrumento de ese momento para apoyar la renovación pedagógica en las aulas, una década después Martí (2017) critica que no solo está infrautilizadas -a pesar del coste que tuvieron-, sino que se han abandonado, pues los docentes prefieren proyectar la tablet u otros dispositivos. Y esto es solo un ejemplo. Cuando aparece Minecraft ©, y rápidamente se difunde su uso en las aulas, lo interesante no es el recurso, sino que acerca a los procesos de enseñanza-aprendizaje el concepto de *gamificación* que no es el uso de juegos sino la aplicación de elementos del juego a otras áreas de actividad (Oxford Dictionaries, 2018), que permite involucrar al sujeto que aprende manteniendo su interés. Esto, que tiene que ver con la experiencia de flujo (Csikszentmihalyi, 1996) –algo, que, de nuevo señalamos, no es tan novedoso como parece, y ya tratamos en uno de los primeros artículos de la revista Red Visual (Callejón-Chinchilla, 2004)-, y en el que lo más importante es la relación entre esfuerzo y motivación –aspectos que, en educación durante años, sin sentido, se han visto enfrentados y que son, sin embargo, complementarios. Es, al menos esperanzador observar que algunos centros educativos han "entrado en el juego" y permiten que se trabaje -por fin-, de una manera lúdica (algo, que fuera de las escuelas –sobre todo con intereses comerciales-, es lo que se vive), porque somos "homo ludens" –como decía Huizinga (1938)-; porque aprender exige esfuerzo, pero no siempre tiene que ser aburrido; conseguir el interés de los alumnos, puede parecer difícil, pero no es imposible (Tapia, 1998).

Es preciso trabajar con los medios actuales, por las posibilidades de acceso a la información que permiten, las oportunidades que ofrecen para la interacción, la simplificación de determinados procesos y capacidades que amplifican –quien diría hace pocos años que alumnos de educación primaria estarían haciendo robótica o tendrían la posibilidad de construir un objeto con las impresoras 3D-; y, especialmente, por la motivación del alumnado que provoca. Pero, el cambio ha de ser sistémico: las propuestas de Apple (2018) serían más difíciles sin tener los recursos, mientras que tener una pizarra digital en el aula -como hemos visto- puede no suponer ninguna diferencia; el aula inteligente del SEK (Segovia, 1998) replantea la estructura de las aulas – un cambio estrutural mucho más allá de lo estético como entendía Malaguzzi[10], del ambiente estimulante que proponía Montessori, y, hoy ya procuran muchas escuelas[11]-, pero, si el profesorado, no lo facilita, no habrá interacción.

Durante muchos años, gran parte de los premios de innovación educativa tanto a nivel estatal como en las distintas comunidades autónomas, eran, básicamente manuales digitalizados, solo más visuales, con alguna imagen o animación si acaso, pero poco novedosos. El sistema educativo y su estructura (legislativa, organizativa, espacial...) es reacia al cambio y dificulta la transformación; sin embargo, aunque en nuestro país la situación no es la ideal y muy desigual -aun adolecemos de dispositivos y de una red con conexión adecuada-, muchos docentes y centros educativos están saliendo de la zona de confort (Bardwick's, 1991), sirven de modelo e interrogan nuestras prácticas, pero, sobre todo, a la institución.

Hay que estar en movimiento, no quedarse detrás, pero siempre cuestionando: ¿qué hacer?, ¿cómo?, ¿cuándo?, ¿cuánto? ..., pero, sobre todo, ¿para qué?, ¿para qué sirve lo que hacemos?

En algunas aulas de Corea del Sur están utilizando un robot como profesor para el aprendizaje de contenidos repetitivos. Para humanizarlo, reproduce los movimientos y gestos de una persona real, que lo maneja desde casa. ¿Puede ser útil? ¿adecuado? ¿lo mejor? Otra escuela en China está probando un sistema piloto de reconocimiento facial para medir el grado de atención de los alumnos durante las clases (por medio de cámaras se capta tanto la dirección de la mirada como las expresiones faciales y así determinar si los alumnos están concentrados, disfrutan de las clases o están distraídos o aburridos); esto, además permite controlar la asistencia del alumnado (Educación, 3.0., 2018). Cuando pensamos en el tiempo que a veces nos ocupa "pasar lista" en clase, penbsamos que este recurso, quizás puede limitar "perdidas" en el sentido empresarial (Womack, Jones and Roos, 1990), pero recordamos cómo nos impactó conocer como recibía el docente al alumno en las escuelas Waldorf[12], dándole la mano, mirando a los ojos, estableciendo contacto para saber "cómo llegaba hoy"; tiempo y espacio para interactuar con el alumno y conocerlo, para poder ayudarle a crecer.

---

[10] Siguiendo la filosofía de Loris Malaguzzi, en las escuelas de Reggio Emilia se considera la importancia educativa del espacio, organización de espacios, equipos y materiales, pero también diseño y belleza (http://www.reggiochildren.it/).

[11] Como podemos ver en escuelas como Fuji Kindergarten en Tokio (http://fujikids.jp/home); Orestad Gymnasium en Dinamarca (http://www.oerestadgym.dk/); Vittra en Estocolmo, Suecia (https://vittra.se/), Saunalahti-Schule en Espoo, Finlandia, la Escuela Kastelli (http://www.ark-l-m.fi/projects/education/kastelli-school-and-community-centre-oulu-finland/), entre otras.

[12] Como todo, con sus virtudes y defectos, defensores y detractores, este es uno de los valores, entre otros, que vímos en estas escuelas http://colegioswaldorf.org/pedagogia-waldorf/.

Quizás nos deslumbre la tecnología, la eficacia de la gestión, pero tendremos que analizar si realmente lo que hacemos o queremos hacer es lo más adecuado, lo mejor, para la persona, más que para productividad de empresa[13].

Señala Vas Deyres (2012) que aquellos que escribían sobre utopías y ciencia ficción, anticipando el mañana forzaban con sus obras "el progreso social, científico y técnico anunciado por la historia, mientras anticipan cambios en las mentalidades [...pero, al mismo tiempo, perciben] la peligrosidad de un progreso erigido en ideología omnipresente" (p. 42).

3. La educación artística en la sociedad de la información y las comunicaciones.

Tenemos más medios, y resulta obligado su uso, pero ya no es posible conocer y dominarlos todos, cuesta incluso "estar actualizados" por la diversidad y velocidad de las transformaciones. Además, la experiencia, que nos hace críticos y cautos, nos hace dudar de la necesidad de entrar en este vértigo, pues, aunque consideremos que la tecnología es fundamental, hemos de cuidar que no prime la fascinación por encima de la evidencia (Higgins, Xiao y Katsipataki, 2012), que, no prime sobre la pedagogía (Pedró, 2015). La clave, no está en los recursos, ni debe venir por el acceso y uso a las tecnologías de la información y las comunicaciones (ambos muy desiguales, y primer muro a derrumbar), sino por el beneficio que puedan suponer para implementar procesos de enseñan-aprendizaje más eficaces, que permitan a los alumnos informarse, confrontar y aprender.

Pero, aprender... ¿qué? ¿Cuál es nuestro papel, el papel de la educación artística en la sociedad de la información y las comunicaciones? ¿Cómo ha de ser la educación artística en el siglo XXI?

El arte, durante siglos ha ido en paralelo a la ciencia y la tecnología; de hecho, el arte es, en su definición, técnica; no solo ha ido con los tiempos, adaptándose, sino, yendo, muchas veces, por delante; y grandes artistas han sido a la vez filósofos y científicos; señala Weiber (2003) que el arte no puede ser pensado si no es en interrelación con la ciencia, la tecnología, la historia, la imagen... (citado por Veciana Schultheiss, 2004, pág. 23). Esto ha permitido su evolución, cambios profundos en los conceptos de arte y posibilitado nuevas prácticas: desde el video arte, al net-art (desde los orígenes de la red), del arte óptico al digital, de las performances a distintas formas de bioarte, y, en su flexibilidad natural, al mismo tiempo, otras, prácticas eco-naturistas a veces incluso también tecnológicas como la instalación *The interactive plant Growing* de Sommerer y Mignonneau

---

[13] Podíamos también reflexionar sobre como se han implando modelos de calidad en entornos educativos, basado especialmente en el control de los sistemas de gestión.

(1992)[14] -una simulación de sistemas informáticos y vegetales que reaccionan al contacto- o el proyecto *One Tree* -sobre determinismo genético e influencia ambiental- de Jeremiyenko (2000) Sí, el arte hoy se salta todas las fronteras de las disciplinas y no ya solo de las distintas prácticas artísticas, como ocurre tambíen en la obra/investigación de Ryoichi Kurokawa[15] que incluye el lenguaje sinestésico, la instalación, el video arte, el sonido electrónico y la programación informática.

Nos recuerda aquella época en la que los programadores competían por conseguir imágenes cada vez más reales, solo con códigos informáticos como podemos ver en *Pouët.net* [16]–muchas, verdaderas obras de net.art-. La tecnología ha permitido a los artistas experimentar incluso por encima de sus posibilidades físicas -como Sun Kim (2011) que, aun siendo sordomuda, crea, con el sonido[17]; tecnología que nos ha permitido crear y compartir desde la marginalidad, haciendo visibles los micro relatos, disfrutar del arte y la experiencia estética incluso desde la intimidad de nuestras propias habitaciones (Zafra, 2010).

Además, las transformaciones sociales y culturales fueron cambiando el arte, más allá de los estilos -nunca superficiales, como el paso del impresionismo a la abstracción, la diversidad de las vanguardias… -. Entre la idea y el proceso, se diluyó el valor del objeto artístico, a veces perdiendo incluso la estética - lo que debe ser discutido y discutible, al menos en los ámbitos educativos (Callejón-Chinchilla, 2006; Aznárez-López, 2018)-; y, volvía a desdibujarse el papel del artista[18], y, no solo en las prácticas de arte colectivas, propias del arte relacional, del arte de acción y en la calle o el arte social, como en la exposición "From here to ear" de Boursier-Mougenot (2008) - en la que el artista crea un aviario en el que son bandadas de pájaros, realizando sus actividades rutinarias, las que crean la obra de arte[19]- o Panel Weeping de Knowles (2006)[20] -en la que plumas suspendidas de los extremos de las ramas de árboles "pintan" sobre paneles colocados debajo por

---

[14] Las obras de arte y artistas que aparecen en el texto no los son como referentes, sino como ejemplo.

[15] http://ryoichikurokawa.com/. Pueden verse como ejemplo de sus obras: Node 5:5 (2016) en https://vimeo.com/206068020 o Syn_mod (2017) en: https://www.youtube.com/watch?v=_XAK248_apY

[16] Una fuente de demos: www.pouet.net

[17] Puede verse el proceso de la artista, en el documental realizado por Todd Selby, en: http://www.nowness.com/day/2011/11/9/1700/todd-selby-x-christine-sun-kim.

[18] El papel del artista, como construcción social que varia a lo largo de la historia.

[19] Puede verse (y oirse), la obra en el Barbican Center de Londres, en: http://www.youtube.com/watch?v=8ZQ4VmicDeMl

[20] http://www.timknowles.co.uk

efecto del movimiento que provoca el viento, van dejando la huella, una huella diferente en cada árbol.

No, la educación artística no puede ser la misma. Han cambiado los medios, han cambiado las prácticas, han cambiado los conceptos, ha cambiado el sentido. Hoy el arte es un universo por explorar, infinidad de técnicas y procesos a experimentar, ejemplos y modelos sin fin... El problema es la cantidad y el tiempo disponible; que es finito y bastante limitado en las aulas, y si no conseguimos demostrar nuestro valor, menos aún.

Hace ya muchos años, y ante la tan famosa frase, referida a los contenidos impartidos en las clases de arte "no hemos llegado al arte contemporáneo" (aun refiriéndose a las vanguardias, al arte de principios del siglo XX), un profesor nos contaba que el empezaba partiendo de visitas a exposiciones de arte contemporáneo que le permitían, desde ahí, ir recuperando a los clásicos; otros lo hacían a partir de películas de actualidad...; porque no podemos dejar de enseñar lo que fue el pasado, los maestros, las técnicas...., Sí, pero, ¿por dónde empezar? Si es preciso, ¿qué seleccionar?

Giráldez y Pimentel (2011) señalan que "las nuevas tecnologías [...] merecen una atención especial en la medida en que se convierten en un instrumento para pensar el arte y posibilitan nuevas modalidades de participación y creación artística que forman parte de la cultura de no escolarizada de los estudiantes, lo que permite salvar la brecha entre el arte que se enseña en las aulas y el que existe en el mundo real" (p. 128). Pero, en la escuela, ocurre como en el resto de las áreas, el peso de la tradición marca y muchos prefieren seguir haciendo lo de siempre, tomando los mismos modelos.

Nos gusta poner de ejemplo el *sfumato* del cuadro de la *Mona Lisa* (de Da Vinci, 1503), tan admirado –con razón-, frente a la imagen de un entrenamiento en el entorno *Matrix,* entre Jue y Thadeus, dos miembros de la tripulación de la nave en el *El último vuelo de Osiris*, uno de los cortos de *Animatrix* (Jones, 2003): negro (él) y asiática (ella) en su lucha con las catanas, tapados los ojos, van cortado sus vestimentas que caen al suelo; un juego, que vislumbra mucho más; y nos interesa, pero no solo esto, sino por la calidad y técnica de la obra, como se representa la piel, las telas, las diferentes texturas y luces del escenario..., una obra, que, es, sin embargo, tan desconocida.

¿Cuáles han de ser nuestros referentes? ¿Qué sentido tiene concentrarse en una técnica concreta con la diversidad de recursos que tenemos? Si optamos por algo, tendremos que justificarlo bien.

Hay docentes que reducen la enseñanza de las artes a prácticas como la performance –que, a veces, parecen simples manifestaciones políticas- o las derivas artísticas –auténticas derivas-; quienes proponen la reflexión de obras del cine más conceptual...; sí, son más contemporáneos, pero, ¿son más adecuados que otros conocimientos más manuales o técnicos? ¿Por qué?

Las posibilidades del conocimiento en red, el nuevo papel del profesor que de mero transmisor se convierte en guía del aprendizaje, las nuevas maneras de entender el conocimiento, los esquemas de pensamiento, los procesos de aprendizaje que implicaban nuevas metodologías de enseñanza…, pero sobre todo conocer las nuevas teorías sobre la educación artística, los nuevos formatos artísticos, permitieron la mejora.

Podemos distinguir en nuestra historia varias etapas, aunque conectadas (y, el paso a cada una de ellas en profunda relación con esta sociedad tecnológica y en red, de la información y las comunicaciones).

Partimos de la enseñanza centrada en la técnica. En pocos años pasamos de dibujar con tiralíneas a hacerlo con programas informáticos, de copiar láminas impresas en blanco y negro a plantear propuestas interactivas generando QR con enlaces virtuales de contenido multimedia. Los útiles, cada vez más accesibles, más sencillos de usar, nos permitieron recopilar, organizar y compartir fácilmente imágenes propias, enseñar a manipular imágenes y hacer un stop motion –en el ordenador o con el móvil-, e incluso, el diseño y construcción de objetos con impresoras 3D[21]. Pero nada cambia si solo nos centramos en la técnica; el interés principal no radica en el recurso, ni siquiera en las posibilidades didácticas que nos permite, que facilitan los procesos de enseñanza y aprendizaje, que pueden ser (o no ser) más relacionales -y, por tanto, con mayor contingencia dialógica-, más complejos, más lúdicos, etc.; sino en lo que estamos haciendo con todo ello para educar (y no solo instruir o formar); si realmente el uso que hacemos de las tecnologías, está permitiendo educar personas (y no solo ciudadanos) para la vida en el siglo XXI.

Qué lejos queda ya, cuando pasamos del lenguaje a la cultura visual (Hernández, 1995; Mirzoeff, 1999; Freedman, 2003); asumiendo que las multinacionales, a través de los *mass media* nos estaban educando (Steinberg, S. R. y Kincheloe, 1997); y, que las imágenes, no solo representaban, sino que conformaban maneras de ser y estar, que por medio de la seducción atrapaban y construían (Callejón-Chinchilla y Granados-Conejo, 2004). El *aprender a ver* (educar la percepción) que incluyó la LOGSE (1995) para completar el *aprender a hacer* (más referido a las destrezas y la técnica), como parte de la educación al consumidor, no bastaba. Sí, las tecnologías, los nuevos medios, nos abrían grandes posibilidades, nuevas formas de participación, nuevos contenidos, nuevas herramientas pedagógicas…, pero suponían, al mismo tiempo, un reto, "una necesidad… (un) desafío: educar

---

21 Muchas prácticas docentes de interés podemos encontrarlas en línea. Mayalen Piqueras (http://wwwedplasticamayalen.blogspot.com/) o Lucía Álvarez (http://www.luciaalvarez.com/) se han convertido en referentes de otros docentes.

con ellas, por medio de ellas y para ellas". (Callejón-Chinchilla, 2003 s/p): teníamos que educar en el universo audiovisual y emocional de la cibersociedad, implicando la narrativa en una enseñanza, que hicimos, en un primer momento, más que personalizada, atenta a los social.

Cuando descubrimos la diferencia entre la educación artística y la educación por medio de las artes, comprendimos que las actividades ya no podían ser simples y comenzamos a trabajar por proyectos. Expandir el aula con el espacio online; pasar del papel a la pantalla, de la realidad a los mundos creados virtualmente; utilizar dispositivos de posicionamiento (gps) y el google maps para realizar cartografías personales o del grupo; analizar las formas de ver y verse, de posicionarse, de mostrarse y performarse –como ejemplo-; implicaban complejidad (Aznárez-López y Callejón-Chinchilla, 2008; 2006; Morin, 1990). La educación artística dejó de ser -por un tiempo, y, solo en parte-, valiosa por sí misma, para convertirse en puerta de acceso al conocimiento, integrando emoción y razón, técnica y reflexión; dejamos de ser decorativos, para educar en valores.

Estábamos contentos con los resultados. Nos sentíamos útiles, pero nos faltaba algo.

El avance de la tecnología propició la enseñanza online[22]; y, no bastó la búsqueda y selección de materiales que nos había facilitado la red -y del que fue un referente la web ARTEnlaces de Ángeles Saura (2003)[23]-, tuvimos que aprender también a crear y compartir nuestros recursos, pero, sobre todo nos obligó a estructurar nuestra asignatura, haciéndonos consciente de que parte de lo que enseñábamos podían aprenderlo los alumnos solos[24]

---

[22] Desde los primeros cursos online del Instituto Tecnológico de Massachusetts (MIT), en 2001, continuado por la Khan Academy (2006), muchas son ya las plataformas de formación en las que participan prestigiosas universidades: Edx (https://www.edx.org) fue fundada por el Instituto Tecnológico de Massachusetts y la Universidad de Harvard en 2012); Coursera (https://www.coursera.org), iniciada por la Universidad de Stanford y en la que participan otras instituciones como Yale, Michigan entre otras y compañías como Google o IBM); Miriadax (https://miriadax.net), con presencia de muchas universidades españolas y latinoamericanas) o Domestika, que está ofreciendo actualmente formación especializada en el ámbito de las artes (https://www.domestika.org), entre muchas otras.

[23] Una web con enlaces a portales educativos, revistas, exposiciones, museos y otros muchos en relacion con las artes que ya fue premiada como innovacion docente en 2003.

[24] Poco a poco hemos tenido que ir asumiendo que el conocimiento (mucho conocimiento) está en la red y que muchos alumnos prefieren aprender allí: "No hace falta que me expliques los ejercicios de dibujo técnico que, cuando llegue a casa, ya me lo explica Juan" (un profesor que enseña por medio de vídeos en un canal de Youtube)- le comentaba un alumno a una compañera y amiga-.

y rediseñamos nuestra materia, cuestionándonos: ¿qué es lo realmente importante?, ¿qué tenemos que enseñar?

Aunque es un tema a tratar demasiado extenso para este texto, anotamos algunas ideas.

Hemos de recuperar la experiencia estética, pues forma parte importante de nuestras vidas. Pero, más allá de lo cotidiano, hoy no somos capaces de "perder" el tiempo en la contemplación. ¿Cuál es nuestra capacidad perceptiva, sensorial…? ¿Cuántos somos capaces de disfrutar del documental Baraka (Fricke, 1992)?[25] ¿Cuantos, al menos seguimos parándonos admirados ante una puesta de sol, ante una pequeña flor…? La actividad artística nos ofrece espacios y tiempos para ello, pues lo estético más allá de las convenciones sociales (Canclini, 1977) es un modo de relación, una forma de encuentro (López Quintás, 2003).

Y, en este ir al encuentro -desde la curiosidad filosófica y no chismosa (que es la que predomina hoy), desde la inmersión profunda en la realidad-, hemos de educar la percepción, para ser conscientes de los engaños, de las manipulaciones (que son sutiles y constantes) para que no quedarnos en la apariencia, para lidiar con la superficialidad, de este mundo fluido (Bauman, 2007), para tener raíces con las que sujetarse ante las inclemencias. Por eso proponemos a los alumnos trabajar a partir de un objeto preciado, que sirve de excusa para centrar nuestra atención desde su apariencia más física pero que permite ir indagando en nuestra propia vida, profundizar en los recuerdos y emociones, capturando el sentimiento de nuestras experiencias vitales (Dewey, 1934), como Bill Viola lo hace reflexionando sobre la temporalidad y la trascendencia. o, en otro sentido, Daniel Canogar sobre la basura tecnológica; algunos de los artistas actuales que podemos poner como ejemplo.

Hemos de ofrecer una educación artística que genere flujo (exigiendo esfuerzo y motivación) (Csikszentmihalyi, 1996), experiencias de interés, relevantes que parten de lo personal o lo social, de la crítica, de la reflexión, de la razón y la conciencia, de la memoria, de la emoción. E invitamos a recoger historias personales y construir en torno a ellas instalaciones fotográficas a la manera de Boltanski —uno más de tantos referentes posibles-.

Hemos de dar importancia a la idea, tanto al proceso como al producto, siendo importante, para esto último, mostrar las obras, compartirlas, difundirlas: hacerse visibles, someterse a la mirada de los otros, salir del yo para ser parte en el diálogo social y cultural del entorno, de manera que las

---

[25] Más de dos horas sin palabras, una obra en la que por medio de contrastes de imágenes y sonidos de distintos y variados países, se van mostrando aspectos de la humanidad en relación con el medio ambiente y la espiritualidad.

obras faciliten también una experiencia significativa a los demás (Aznárez-López, 2018)

Sobre todo, hemos de ayudar a nuestros alumnos a desarrollar sus propias narrativas, sus propios imaginarios, para que no se los impongan otros, para que no los dominen; permitirles conocer y reflexionar sobre su realidad para construir una mejor. El interés de conocer a Miku Hatsune[26] una cantante/holograma es observar como animan los espectadores el espectáculo; frente a ella, la obra Doll Face de Andrew Huang (2005)[27] nos muestra algo que nos es cotidiano, demasiado real: las imágenes que aparecen en las pantallas – median en el proceso de mirar y de mirarnos (Hernández, 1995) y se convierten en referentes de nuestros alumnos, de conductas y performatividades múltiples (Gergen, 1992)- que terminan fraccionando nuestra identidad.

En general, los nuevos recursos cambian las prácticas, facilitan los procesos, pero todo esto conlleva, además, una modificación de las teorías, de los conceptos. Igual que los cambios estéticos nunca son solo visuales, sino transformaciones culturales y sociales más o menos profundas. Lo relevante de la tecnología no son solo las posibilidades que permite, sino las consecuencias que se derivan de su uso y/o abuso.

Tenemos que compartir experiencias y recursos, reflexionar sobre las buenas y malas prácticas, establecer líneas de actuación comunes que nos permitan avanzar como ámbito de conocimiento, buscando la utilidad, la calidad, siempre preguntándonos para qué hacemos lo que hacemos.

Se trata de evitar la alineación, conformar actitudes, ampliar nuestra conciencia, encontrar sentido y significado a la vida, algo que hacen las artes en el contacto con los otros, al compartir con los demás, como señala Eisner (2004).

4. Conclusiones: Educar para el siglo XXI

No podemos negar la realidad, hemos de educar en el presente con los recursos técnicos que tengamos (más o menos; pero si son menos, hemos de buscar los medios para conocerlos, y si son necesarios, luchar para procurarlos); y hemos de hacerlo atendiendo a los avances en el conocimiento y el aprendizaje (y, para esto, el docente ha de seguir aprendiendo y aplicando todo aquello, que dé, calidad y eficacia a su enseñanza). En uno y otro caso,

---

[26] Miku Hatsune es un banco de voz y una imagen virtual creada por la compañía Crypton Future Media en 2007. Puede verse un concierto de ella en:
https://www.youtube.com/watch?v=YSyWtESoeOc

[27] Puede verse en. https://www.youtube.com/watch?v=zl6hNj1uOkY

no es cuestión de seguir las modas, sino de estar actualizado, ser lo suficientemente inteligente - con inteligencia múltiples (Gardner, 1993) y práctica (Sterberg, 1985)-, trabajar apoyado en el colectivo (que no la masa) -para evitar la manipulación, pero también el ego[28]- y tener mucha, mucha creatividad para seguir educando para el futuro.

Hemos de educar en el presente, pero, además, hacerlo para un mañana desconocido; por ello, la educación debiera ir a la avanzadilla, pero no de los cambios, sino de lo que podrían suponer esas transformaciones para las vidas de nuestros alumnos.

Pero, ¿es esto lo que ofrece la educación actual? ¿O solo prepara para un posible trabajo, que quizás cuando lleguen al "mercado" laboral ni siquiera exista?

Cuando antes señalábamos que los docentes debían implementar los procesos de enseñanza-aprendizaje más eficaces, que permitieran a los alumnos informarse, confrontar y aprender, lo hacíamos desde la concepción de que *aprender* comprende conocer, hacer, convivir; y ser -los cuatro pilares que señala el Informe de la UNESCO sobre la educación para el siglo XXI (Delors et al., 1996)-, para lo que es necesario tener unas competencias básicas, que Monereo y Pozo (2001) resumían en dos principales: "conocerse y quererse", y, a lo que nosotros añadimos el encuentro con la alteridad, el otro y lo otro, que también debemos conocer y a los que debemos, al menos, respeto. El respeto a los objetos, al medio, al otro −especialmente cuando es más vulnerables-, a las personas en general −incluyéndose a uno mismo-, a sus bienes e ideas, a sus emociones... es uno de los retos de la sociedad actual. Y, en este sentido, podemos ofrecer las posibilidades de las artes para responder a ellos, la repercusión de la actividad artística y creativa en la justicia social, en el desarrollo sostenible, en el bienestar personal, desde su capacidad de conexión, de conocimiento y comprensión, de empoderamiento, agencia... (Aznárez-López, 2018).

Como Julio Verne, quizás tendríamos que anticiparnos al futuro, intentar visualizar cómo será el mundo y dotar a los alumnos de los recursos necesarios que les permitan irse adaptarnos a las diversas circunstancias, a las manipulaciones (pensamiento flexible, curiosidad, motivación el conocimiento, capacidades para aprender a aprender...); ser fuertes (física y mentalmente) para hacer frente a las dificultades y, sobre todo, ser humanos (educación emocional -afectiva y no solo sexual-y en valores −en la escuela, desde una ética de mínimos, compartida por todos-).; y, sin olvidar percepción, expresión, imaginación, intuición, sensibilidad, creación..., ARTE, pues todo esto es lo que nos permite diferenciar la simple supervivencia, de una vida con sentido.

---

[28] Pues la enseñanza es un trabajo social.

Es quizás lo más interesante de la intersección entre arte, educación y tecnología, el transvase posible, el enriquecimiento mutuo. Quizás el futuro esté en ese término medio entre tecnología y naturaleza, en un espacio intermedio, de conexiones que la actividad artística y la creatividad, permiten integrar, un espacio de equilibrio que entienda como un valor la divergencia, la riqueza de la diversidad, en el que la persona sea lo más importante, un espacio que permita llevar una vida plena, creativa, autorrealizada (Maslow, 1968).

Hemos de transformar la educación, para mejorar la vida. En la libertad responsable está la clave y en la relación de entendimiento y sensibilidad (Kant, 1781) entre conciencia y emoción (Damasio, 1999), en el arte, la posibilidad.

El arte nos hace sentirnos vivos [..] y entender que nuestra principal tarea es la de vivir; no se trata de sobrevivir, ni de mantenernos vivos durante el máximo tiempo posible y con la mayor calidad de vida. se trata de hacer que esa vida valga la pena (Aznárez-López, 2018, p. 38)

Quizás tenemos que comprender que la mejor formación docente sea, recordando el pasado, comprometiéndose con el presente, imaginar el futuro.

Referencias bibliográficas

Aguaded, J.I. y Martínez-Salanova, E. (1998). *Medios, recursos y tecnología didáctica para la formación profesional ocupacional.* Huelva: FACEP. Recuperado de http://educomunicacion.es/didactica/0063recursosexpositivos.htm#El_retroproyector_

Apple (2018). *Apple Educación.* [En línea]. Recuperado de https://www.apple.com/es/education/

Aznárez-López, José-Pedro (2018). *La necesidad de educar en artes visuales.* Arte y movimiento, 18 (enero), 17-41. https://revistaselectronicas.ujaen.es/index.php/artymov/article/download/3914/3173.

Aznárez-López, J.P. y Callejón-Chinchilla, M.D. (2006). La Necesidad de Trabajar con Procesos de conocimiento y Comprensión Complejos. *Escuela Abierta,* 9, 181-197. http://www.ceuandalucia.com/escuelaabierta/pdf/articulos_ea9/aznarez.pdf

Aznárez-López, J.P. y Callejón-Chinchilla, M.D. (2008). Conocimiento complejo y aprendizaje a partir de preguntas complejas. En I.M. Moreno Montoro y V. Yanes Córdoba. *Imaginando la hipótesis. Libro didáctico.* (Págs. 97-108) Jaén: Diputación Provincial de Jaén.

Bardwick's, J. (1991) *Danger in the confort zone: from boardroom to mailroom- How to break the entitlement habit that's killing American Business.* New York: American Management Association.

Bauman, Z. (2007). *Modernidad líquida.* México: Fondo de Cultura Económica)

Bergmann, J. & Sams, A. (2012). *Flip Your Classroom: Talk to Every Student in Every Class Every Day.* Oregon-Virginia: International Society for Technology in Education.

Bishop JL, Verleger MA. (2013). The flipped classroom: A survey of the research. *Proceedings of the ASEE Annual Conference, 23–26 June 2013, Atlanta, GA.* Recuperado de https://www.asee.org/public/conferences/20/papers/6219/view

Butcher, W. (2015). *Jules Verne inédit: les manuscrits déchiffrés.* Lyons: Ems Editions.

Callejón-Chinchilla, M.D. (2003) ¿Necesidad, uso, abuso, integración…? las TICS en el Aula. *Teodosio 5*, 69, 17-20.

Callejón-Chinchilla, M.D. (2004). ¡Anímate! *Red Visual, Revista digital de educación artística y cultura visual*, 1, s/p. Recuperado de http://www.redvisual.net/n5/n1/imagenes/art4.pdf

Callejón-Chinchilla, M.D. (2006). Del concepto de arte hoy ante las posibilidades de la red. *Actas III Congreso Online del Observatorio para la Cibersociedad (OCS). Conocimiento abierto. Sociedad libre* (20 noviembre-3 diciembre 2006). http://www.cibersocietat.net/congres2006/gts/comunicacio.php?&id=1007

Callejón-Chinchilla, M.D. y Granados-Conejo, I.M. (2004) Deslumbrados, atrapados, construidos. Del diálogo y el tiempo para una mirada sana; para la construcción personal en la escuela, *Red Visual, Revista digital de educación artística y cultura visual*, 2, s/p. Recuperado de http://www.redvisual.net/n5/n2/art7.htm

Csikszentmihalyi, M. (1996). *Fluir (Flow) Una psicología de la felicidad.* Barcelona: Kairós.

Castells, M. (2006). *La sociedad red: una visión global.* Madrid: Alianza.

Coll, C. y Monereo, C. (2008). "Las comunidades virtuales de aprendizaje". En C. Coll y C. Monereo (eds.), *Psicología de la educación virtual. Enseñar y aprender con las tecnologías de la información y la comunicación.* (pp. 19-53). Madrid: Morata.

Damasio, A. (1999) The feeling of what happens body and emotion in the making of consciousness. Harvest Book.

Diccionario Santillana de las Ciencias de la Educación (2003). Madrid: Santillana.

Definición de gamification. *Oxford Dictionaries* (English) (2018). [En línea]. Recuperado de https://en.oxforddictionaries.com/definition/gamification

Delors, J. et al. (1996). *La educación encierra un tesoro. Informe de la Comisión Internacional sobre la educación para el siglo XXI. Presidida por Jacques Delors.* Paris: UNESCO/Santillana.

Dewey, J. (2008) [1934]. *El arte como experiencia.* Barcelona: Paidós.

Educacion 3.0. (2018). 3 iniciativas innovadoras para cambiar la educación. *Educación 3.0.* (19 junio, 2018) [En línea]. Recuperado de https://www.educaciontrespuntocero.com/noticias/iniciativas-innovadoras-educacion/85434.html)

Eisner, E. W. (2004) [2002]. *El arte y la creación de la mente*. Barcelona: Paidós.

Freedman, K. (2006) [2003]. *Enseñar la Cultura Visual. Currículo, estética y la vida social del Arte*. Barcelona: Octaedro

Fricke, R. (1992). *Baraka*. [Audiovisual]. EEUU: Mark Magidson (producción).

García Canclini, N. (1977). *Arte popular y sociedad en América Latina*. México: Grijalbo.

Gardner, H. (1993). *Multiple Intelligences: The Theory in Practice*. New York: Basic Book.

Gergen, K. J. (1992) [1991]. *El yo saturado. Dilemas de identidad en el mundo contemporáneo*. Barcelona: Paidós.

Giráldez, A., y Pimentel, L. (2011). Artes y tecnologías en la escuela. En A. Giráldez y L. Pimentel (Coords.), *Educación artística, cultura y ciudadanía. De la teoría a la práctica* (pp. 127-133). Madrid: OEI. Recuperado de http://www.oei.es/metas2021/LibroEdArt_Dela-teoria-prov.Pdf

Hall, N. (2014) The Kardashian index: a measure of discrepant social media profile for scientists. *Genome Biol* 15(7): 424. Recuperado de http://genomebiology.com/content/pdf/s13059-014-0424-0.pdf

Hernández, F. (2000) [1995]. *Educación y cultura visual*. Barcelona: Octaedro.

Higgins, S., Xiao, Z. and Katsipataki, M. (2012). The Impact of Digital Technology on Learning: A Summary for the Education Endowment Foundation. Durham: Durham University

Huber, G. (2008). Aprendizaje activo y metodologías educativas. *Revista de Educación*, número extraordinario, 59-81.

Huizinga, J. (2012) [1938]. *Homo ludens*. Madrid: Alianza Editorial.

Jones, A. (dir.). (2003). *Animatrix: Final Flight of the Osiris*. [Audiovisual]. EEUU: Warner Sogefilms.

Kant, I. (2013) [1781]. *Crítica a la razón pura*. Madrid: Taurus.

Ley Orgánica 1/1990, de 3 de octubre, de Ordenación General del Sistema Educativo. (LOGSE) BOE núm. 238, de 4 de octubre de 1990, páginas 28927 a 28942.

Ley Orgánica 8/1985, de 3 de julio, reguladora del Derecho a la Educación (LODE). BOE núm. 159, de 4 de julio de 1985, páginas 21015 a 21022.

Lage, M.J., Platt, G.J. & Treglia, M. (2000). Inverting the classroom: A gateway to creating an inclusive learning environment. *The Journal of Economic Education*, 31(1), 30-43.

Lemire, (1908). *Jules Verne, la première biographie: L'Homme, l'Écrivain, le Voyageur, le Citoyen, son Oeuvre, sa Mémoire, ses Monuments*. Paris: Berger-Levrault.

López Quintás, A. (2003). *La cultura y el sentido de la vida*. Madrid: Rialp.

Marquès Graells, P. (dir.) (2006). *La pizarra digital en el aula de clase. Posiblemente el mejor instrumento que tenemos hoy en día para apoyar la renovación pedagógica en las aulas*. Barcelona: Edebé. Disponible en https://servicios.educarm.es/templates/portal/paginasWeb/noticias/pdi/pizarra-digital.pdf

Martí, J. (2017). Una década después del desembarco de las pizarras digitales. *Xarxa Tic*, mayo 6, 2017. [En línea]. Recuperado de http://www.xarxatic.com/una-decada-despues-del-desembarco-de-las-pizarras-digitales/

Méndez, I. (2015) *Prácticas docentes y rendimiento estudiantil. Evidencia a partir de TA-LIS 2013 y PISA 2012*. Madrid: Instituto Nacional de Evaluación Educativa, Ministerio de Educación, Gobierno de La Rioja y la Fundación Santillana.

Mirzoeff, N. (2003) [1999]. *Una introducción a la cultura visual*. Barcelona: Paidós.

Monereo, C. y Pozo, J.I. (2001). Compentencias para sobrevivir en el siglo XXI. *Cuadernos de pedagogía*, 298, 50-55.

Morin, E. (2001) [1990]. *Introducción al pensamiento complejo*. Barcelona: Gedisa.

O'Reilly, T. (2007). *Today's Web 3.0 Nonsense Blogstorm*. [En línea]. Recuperado de http://radar.oreilly.com/2007/10/todays-web-30-nonsense-blogsto.html

Pedró, F. (2017). *Tecnologías para la transformación de la educación*. Madrid: Fundación Santillana. Disponible en http://www.fundacionsantillana.com/PDFs/Tecnologias%20para%20la%20transformacion%20de%20la%20educacion.pdf

Saura, A. (2003). *ARTEnlaces. Biblioteca virtual de enseñanzas artísticas.* [En línea]. Recuperado de http://www.artenlaces.com/

Segovia Olmo, F. (1998) *El aula inteligente: nuevo horizonte educativo.* Madrid: Espasa Calpe.

Steinberg, S. R. y Kincheloe, J. L. (2000) [1997]. *Cultura infantil y multinacionales.* Madrid: Morata.

Sternberg, R.J. (1985). *Beyond IQ: A Triarchic Theory of Human Intelligence.* Cambridge: University of Cambridge.

Tapia, J. A. (1998). *Motivar para el Aprendizaje. Teoría y Estratégias.* Barcelona: EDEBÉ.

Vas Deyres, N. (2012) *Ces Français qui ont écrit demain: utopie, anticipation et science-fiction au XXe siècle.* Paris: Champion.

Veciana Schultheiss, S. (2004). *Research arts: la intersección arte, ciencia y tecnología como campo de conocmiento y de acción.* [Tesis doctoral]. Universidad de Barcelona. https://www.tdx.cat/bitstream/handle/10803/80850/SVS_TESIS.pdf

Verne, J. (2002) [Original de 1863, inédito hasta 1994]. *Paris au XXe siècle.* Paris: Le Livre de Poche.

Vierne S. (1966). L'authenticité de quelques oeuvres de Jules Verne. En: *Annales de Bretagne.* 73 (3) 445-458. Doi: https://doi.org/10.3406/abpo.1966.2363.

Walvoord, E., & Johnson Anderson, V. (1998). *Effective grading: A tool for learning and assessment.* San Francisco, CA: Jossey-Bass.

Weissenberg, E. (2004) *Jules Verne. Un univers fabuleux.* Lausanne: Favre.

Wolff, J. (1997) [1981]. *La producción social del arte.* Madrid: Itsmo.

Womack, J.P., Jones, D.T. & Daniel Roos, D. (1990), *The machine that changed the world: the story of lean production.* New York: Rawson Associates/MIT.

Zafra, R. (2010). *Un cuarto propio conectado. (Ciber)espacio y (auto)gestión del yo.* Madrid: Fórcola.

PENSAR PEDAGÓGICAMENTE DESDE EL ARTE: EL STOP MOTION COMO HERRAMIENTA DE TRABAJO

Dra Alaitz Sasiain Camarero-Núñez
Universidad del País Vasco

Dra Estibaliz Aberasturi Apraiz
Universidad del País Vasco

Resumen

Introducción: El artículo que presentamos trata sobre la asignatura Taller de Recursos para la Expresión Corporal, Musical y Plástica impartida en la Facultad de Educación, Filosofía y Antropología de San Sebastián durante el curso 2017/18. El reto principal de la asignatura consistía en crear un personaje mitológico desde la cultura popular más cercana y para ello una de las técnicas empleadas para obtener y proyectar dicho personaje fue el programa de stop motion. *Metodología*: En un último curso de infantil decidimos centrarnos en la idea del aula como taller. Nos interesan las metodologías activas las cuales precisan de la implicación y compromiso del estudiante hacia su trabajo. Dicha actitud promueve la autonomía del estudiante para decidir qué y cómo mostrar lo que quiere decir. En el transcurso de la asignatura se fue combinando teoría y práctica, y a medida que fueron pasando las semanas, poco a poco, la figura del docente fue perdiendo presencia cediendo el protagonismo al estudiante. *Resultados*: Se analizarán los resultados y el proceso creativo realizado por los estudiantes. *Conclusión*: Como docentes que nos movemos en el ámbito de la formación del profesorado de educación infantil y primaria, nos interesa formular propuestas para el aula en las que se dé un cambio de planteamiento a través del cual percibimos lo que ocurre pedagógicamente y nos relacionamos con éste educativamente. Entendemos que el arte y las tecnologías que nos rodean precisamente nos ofrecen esta posibilidad de desplazamiento y de acción.

Palabras claves

Stop motion, Educación, Arte, Mitología, Tecnología.

1. Introducción: Pensar pedagógicamente desde el arte.

En este artículo pretendemos mostrar estrategias para poder abordar un tema en concreto desde un planteamiento abierto y lleno de distintas herramientas de trabajo, las cuales nos ayudaran a salir del confort del aula y buscar nuevos lazos de conexión con las necesidades actuales del momento social. Como formadoras de futuros profesores/as es de vital importancia que el contexto teórico y la realización del proyecto enmarque una manera de hacer poco ortodoxa que implica el compromiso del alumnado hacia la materia. Nos interesa formular propuestas para el aula en las que se dé un cambio de planteamiento a través del cual percibimos lo que ocurre pedagógicamente y nos relacionamos con éste educativamente, entendiendo que el arte precisamente ofrece esta posibilidad de desplazamiento y de acción. La noción que maneja D. Atkinson cuando habla de pedagogía del acontecimiento nos resulta sumamente interesante porque nos permite acercarnos a un nuevo pensamiento y acción. Como recoge Fernando Hernández-Hernández, Juana-María Sancho y Rachel Fendler (2015; 371) en su artículo, "una verdadera experiencia de aprendizaje, que es lo que nosotros tratamos de promover en las clases en la universidad, "implica un movimiento en un nuevo estado ontológico, que se define como un problema de la existencia, en contraste con el aprendizaje más normativo en sus normas y competencias diaria" (Atkinson, 2012:9). Este movimiento es el que tiene lugar cuando los jóvenes universitarios, y nosotros como docentes, enfrentamos nuestras identidades normativizadas con modos de aprender y de enseñar que nos perturban". Y este desplazamiento dentro de este acontecer investigador ha sido el que nos ha llevado a revisar nuestros modos de hacer en investigación.

1.2 La relación en el centro del aprendizaje: Colocar el foco de la formación en la relación y no en el consumo

Actualmente, en un momento de crisis y cambio, también educativo, en un mundo incierto y cambiante, resulta sumamente complicado encontrar un espacio donde la escucha sea importante, donde la relación pedagógica sea el principal foco formativo. Resulta especialmente difícil hablar de formación sin caer en la inmediatez consumista en la que nos encontramos inmersos y no vender nada concreto colocando el foco en la relación y no en el desarrollo de métodos que garantizan la innovación, algo que parece casi una misión imposible.

Quizá el carácter marginal de la propia materia (la educación artística), tanto en la escuela como en algunos casos en las facultades de formación, nos ha permitido precisamente llegar al lugar no esperado. Por lo tanto, ofrecer una formación al futuro profesorado de expresión plástica donde innovar, difundir, pensar pedagógicamente a partir del arte, sin vender una pedagogía milagrosa consumible y aplicable, más allá de las personas ha supuesto un reto.

En este sentido nos interesa la definición que Porres (2012:21) hace del aprendizaje: "aprender es construir experiencias que nos involucran, porque hablan de nosotros o se dirigen a nosotros, a partir de una conversación entre sujetos".

2. Contexto y propuesta de trabajo

En la asignatura *Taller de Recursos para la Expresión corporal, musical y plástica,* concretamente en el área de la plástica, nos enfrentamos a un alumnado de cuarto curso del grado de educación infantil ya experimentado en la materia, que ha pasado por otras dos asignaturas sobre la expresión plástica, en las que ha trabajado con diferentes materiales, ha leído textos en torno a la educación artística y ha diseñado una propuesta didáctica. En este contexto, pensamos en un enunciado donde el estudiante pudiera experimentar de una manera autónoma distintas maneras de buscar su objetivo final.

Para ello abordamos el tema de la mitología y la creación de un personaje mitológico. El enunciado principal fue trabajado desde distintos ámbitos donde se realizaron ejercicios previos de entrenamiento para la idea final. Queriendo trasmitir al alumnado una visión crítica y reflexiva sobre cómo mostrar a través de recursos plásticos su modo de pensar y de actuar ante la propuesta planteada en clase.

De un modo orgánico e intuitivo fuimos planteando el marco teórico, donde cada propuesta implicaba trasladar al estudiante a espacios donde poder buscar esa primera idea sobre su personaje mitológico. Para ello fue importante mostrar medios y formatos distintos como es:

- Proyectar la película de animación dirigida por Hayao Miyazaki "*Mi vecino Totoro*" (1988) donde a través de un personaje mitológico se tratan temas como es la enfermedad, la muerte, el miedo… este primer contacto nos ayudó a abordar el tema para preguntarnos qué otros relatos podríamos crear a partir de una historia casi incuestionable y que es repetida de forma estática durante años.

- Visita a la biblioteca *Centro Carlos Santamaría de la UPV/EHU* en Donostia/San Sebastián para la búsqueda de información sobre mitología y personajes mitológicos de la cultura popular más cercana.

- Visita al Centro Internacional de Cultura Contemporánea Tabakalera de Donostia/San Sebastián, con el cual estamos en relación y donde pudimos realizar dos talleres y la visita a la exposición organizada por Kutxa Kultur Artegunea de *Chema Madoz Ars Combinatoria* (del 21 de julio al 5 de noviembre de 2017). El primer taller en torno a la técnica del *Stop motion* y un segundo taller en torno a los *Fanzine,* donde el estudiante pudo experimentar modos distintos de afrontar un reto y pudo aplicar nuevos recursos técnicos para la construcción del personaje.

- Mostrar artistas contemporáneos de varias disciplinas para poder mostrar distintos modos de trabajar y escenificar un proyecto. Artistas como Mona Hatoum, Anila Rubiku, Mateo Maté, Peter Calleren, Kuribayashi Takashi, Susan Stockwell, Elisabeth Lecourt, Nikki Rosato, Kiki Smith…

- Debate colectivo sobre los estereotipos en la sociedad y como afecta directamente, muy en concreto, en los niños/as que están fuertemente influenciados por los medios de comunicación y los modelos estéticos adquiridos de la cultura visual más cercana. Estas reflexiones beneficiaron al estudiante para concretar en qué no querían caer a la hora de construir su personaje.

- La realización, en grupo, de una cartografía, favoreció al estudiante a situar y a construir las características de su personaje mitológico. La cartografía como vehículo para buscar un punto en común y poder avanzar en el proceso de elección.

Después de proponer un marco teórico donde la principal característica de este marco era la diversidad de medios para encarar un tema. Los estudiantes pudieron concretar en un primer tiempo cómo debía de ser su personaje y se dio comienzo a un segundo tiempo de ejecución del proyecto donde nuestro papel de docente fue perdiendo presencia y nos convertimos en meros acompañantes del proceso creativo. El reto principal de este segundo tiempo era integrar los conocimientos adquiridos e utilizarlos para construir el personaje mitológico y poderlo mostrar en un escenario físico para niños de quinto curso de infantil.

De este modo concluye una asignatura de nueve semanas donde el mayor reto era aportar autonomía, libertad de acción, compromiso, herramientas para investigar y pensar por sí mismos y un lugar donde poderse relacionar con el arte y el conocimiento desde otra mirada.

3. Marco de la investigación: Vinculación con *Tabakalera* el Centro Internacional de Cultura Contemporánea de Donostia/San Sebastián y con el grupo de investigación *ARTikertuz* de la UPV/EHU

Implicar a otras entidades públicas en la formación y más aún a Tabakalera, centro de cultura contemporánea ubicado en la misma ciudad nos parece importante. En un área de conocimiento donde el arte ocupa un campo amplio de las humanidades, y la educación, otro campo en ciencias sociales, nos movemos en terrenos transitados, aunque en ocasiones con pocos resultados.

La relación iniciada con DSS2016 fue fundamental como primera fase de investigación para obtener determinados logros y poder así continuar con nuestra relación con el equipo de mediación de Tabakalera, donde parte de las trabajadoras habían pasado por DSS2016. Desde el carácter público de la institución consideramos que la relación es fundamental y muy rica; además, nos permite acercar propuestas contemporáneas y los estudiantes universitarios, futuros profesores en las escuelas, se siente acompañado en este qué hacer. Actualmente, estamos estableciendo una relación con los programas que desde el equipo de mediación se ofrece en abierto a todo el profesorado.

Pertenecemos al proyecto de investigación de la Universidad del País Vasco (EHU15/24) ARTikertuz. Se trata de una comunidad de práctica que se creó a comienzos del año 2015 donde nos encontramos docentes e investigadores para la mejora y transformación de la práctica docente a través del arte. A este grupo pertenece también el equipo de mediación de Tabakalera. El grupo está formado por maestras de educación infantil, primaria y secundaria, con profesorado universitario y de investigación además de trabajadoras en mediación cultural (Tabakalera), con el objetivo de a partir del encuentro, de la relación con el otro, generar conocimiento crítico. A partir de estos encuentros hemos compartido y llevado adelante diferentes experiencias educativas en Artes Visuales.

La finalidad del compartir del grupo es revisar el significado y sentido de la expresión artística, poner en relación dilemas y cuestiones a abordar para el desarrollo de propuestas a partir del intercambio de experiencias con el grupo, y proponer y llevar a la práctica nuevas propuestas educativas, y reflexionar y valorar los resultados. Dado que nuestro campo de estudio es la Cultura Visual, nos interesa explorar los vínculos entre tecnología, educación artística y cultura visual para la transformación de la educación.

Consideramos que la investigación centrada en la expresión plástica supone abordar y profundizar en el tema sobre la Cultura Visual. Encontramos que la tecnología por sí sola no deja de ser una mera herramienta de consumo si no se aborda desde una posición crítica. Es por ello que proponemos la vinculación al área de la expresión artística donde nos permite hacer una reflexión de lo visual y trabajar desde la producción creativa y artística.

Frente a los procedimientos tradicionales de investigación educativa basados en números, tablas, textos abstractos y procedimientos estandarizados de relacionarnos y representar el conocimiento, la investigación educativa basada en las artes desarrolla un conjunto de metodologías, de comunicación, de relación y representación del conocimiento que le permite abrirse a nuevas caracterizaciones huyendo de lo estandarizado, de lo reducible a pautas ortodoxas de representación.

Para hablar de investigación basada en las artes, tomamos como punto de partida la publicación de Arts Based Research donde para Barone y Eisner (2012), la investigación basada en artes (IBA) potencia visiones y representaciones de la vida social que no podrían ser vistas de otra manera.

4. Diseño del estudio de la asignatura: Metodología de la Creación

La metodología empleada para nuestra asignatura de EHU/UPV está vinculada al proyecto de investigación *Soporte a la docencia, tránsito a los nuevos planes de estudio 090909: alternativas para la enseñanza de Bellas Artes de la UB sobre perspectiva de género"* código U-22/08, a la publicación de los libros: *Dimensiones XX. Genealogías femeninas. Arte, Investigación y docencia,* Volumen I, II y III de la UB y a la tesis *Una herida arropada: Reminiscencias del vestido en la escultura contemporánea, una apuesta pedagógica desde la práctica artística* (2012) de Alaitz Sasiain Camarero-Núñez en la cual aplica y reflexiona sobre estas metodologías con alumnos/as de primer curso de Bellas Artes de la UB.

A partir de un enunciado que establece una serie de condicionantes y pautas a seguir, el estudiante se enfrenta al reto de elaborar una obra personal. Este método estimula la creatividad del alumnado a través del análisis de distintos métodos creativos. Algunos de los aspectos que queremos destacar son:

- Se trata de actividades enunciadas en formato de ficha que recogen todos los conceptos (procedimiento, habilidades, valores y actitudes) que el alumnado tiene que trabajar para alcanzar el objetivo deseado.

- Ofrecen la posibilidad de reinventar continuamente estrategias para su uso y aplicación. Temporalización en las programaciones, agrupación en unidades didácticas, trabajo de competencias específicas, etc.

Respecto a las características de esta metodología que ha ido perfeccionándose y evolucionando a lo largo de su puesta en práctica en las aulas, con distintas edades, podemos distinguir cinco matices: La evaluación, el reto personal, las dificultades técnicas, la concepción temporal y la intuición.

Este tipo de actividad siempre genera incógnita y por el desconcierto implícito en el enunciado, agudiza la atención como herramienta de conocimiento. En consecuencia, se hace partícipe de la provocación y lleva al estudiante a la búsqueda de soluciones, a cuestionarse y a tomar decisiones que le acercan a la investigación como método y a la creación como respuesta.

- La evaluación: La actividad evidencia al estudiante sus posibilidades resolutivas, otorga transparencia a sus capacidades, hace surgir sus constantes ya que trabaja a partir de la memoria acumulativa. Por ello se convierte en una buena herramienta de evaluación inicial.

- El reto personal: El enunciado ha de entrever las posibilidades reales de ser alcanzado y ha de esconder las verdaderas dificultades que necesariamente habrán de ser superadas.

- Las dificultades técnicas a superar son la clave de este tipo de actividades. No solo las dificultades por procedimiento sino por relaciones conceptuales que cuestionan el conocimiento.

- La concepción temporal: Las actividades usan la temporalidad para enfatizar la obra como resultado.

- La intuición: hace de la percepción instrumento imprescindible de actuación.

El enunciado o ficha didáctica se basa en el estudio de la metodología de trabajo de un artista en concreto. Cada artista tiene su modo de hacer, una línea de trabajo que se va definiendo a lo largo de su carrera. Sus circunstancias personales y sus inquietudes conceptuales y plásticas van impregnando su existencia generando en su obra un modo de pensar, actuar y construir. El método de trabajo va definiendo su obra a partir de ciertas características o inquietudes que se van repitiendo. Las fichas son realizadas a partir de una obra en concreto o bien a partir de un modo de hacer del artista. De esta forma se genera una doble creación puesto que la ficha sirve como vehículo para generar obra. Partiendo de una metodología en concreto generamos varios modos de hacer. Es decir, el hecho de que te apropies de un "modo de hacer" no significa que el resultado que se obtenga se asemeja a la obra que ha dado origen a la actividad. No se parte de la apariencia de la obra sino de la apropiación del procedimiento, casi siempre ligado a la técnica y al proceso de elaboración. Así evitamos que el resultado de la actividad sea una copia.

4.1 Presentación de la ficha didáctica para el profesorado

A continuación, mostramos y analizamos el enunciado que propusimos para la asignatura *Taller de Recursos para la Expresión corporal, musical y plástica*.

OTRA MITOLOGÍA ES POSIBLE

Enunciado: *Crea un personaje mitológico desde la cultura popular más cercana*[29].

Para hacerlo:

FASE A:

Buscar documentación que ayude a comprender y a conocer la mitología autóctona:

> *- Referentes bibliográficos y filmográficos*

> *- webs específicas*

> *- Artistas contemporáneos que tratan el tema de la mitología*

FASE B:

Crear una cartografía donde puedas concretar las características físicas, ideológicas y emocionales del personaje y del lugar al cual pertenece.

FASE C:

La construcción del personaje mitológico y su puesta en escena.

Condicionantes*: Es necesario trabajar en grupo. El personaje se debe mostrar a un público concreto. (Estudiantes de Educación Infantil de 5º curso).*

La interacción del público respecto a la pieza presentada es indispensable.

Material: *de libre elección.*

Presentación: *La obra debe ser instalada a través de una acción, una puesta en escena teatral, una performance...*

Obras de referencia: *película de animación "Mi vecino Totoro" dirigida por Hayao Miyazaki.*

---

[29] El reto principal se determina en la primera frase del enunciado donde el estudiante debe de crear un personaje mitológico.

4.2 Análisis de la ficha didáctica

Tipo de actividad: De aplicación de "Metodologías de Creación"

Temporalización: Se plantea el trabajo con una segmentación temporal suficientemente diluida para que puedan desarrollarse todas las piezas con un buen acabado conceptualmente maduro. Se plantean tres tiempos de actuación:

- **Primer tiempo:** Proponer el marco teórico para poder afrontar la *FASE A* y la *FASE B*. En las primeras cuatro semanas se presenta el enunciado y se exponen medios y formatos dispares para poder trabajar esa primera idea sobre el personaje mitológico[30].

- **Segundo tiempo:** Las cuatro semanas siguientes se emplean para construir el personaje, la *FASE C*. Trabajo de taller donde, en grupo, se enfrentan a elaborar a través de distintos procedimientos y materiales su personaje mitológico. El estudiante deberá trabajar no sólo el personaje y sus características sino el medio y el contexto que le rodea.

- **Tercer tiempo:** En la novena y última semana el reto principal será la puesta en escena del personaje construido. La pieza será instalada en una sala expositiva para un público de quinto de infantil. La puesta en escena conlleva trabajar la concepción del espacio, la iluminación y la interacción con un público de una edad determinada.

Objetivos principales: Vivir la experiencia del proceso evolutivo de la construcción de un personaje mitológico en un espacio físico y delimitado a fin de conocer la capacidad de lazos visuales más allá del propio sentido constructivo y estructural de la instalación.

Material: Todo aquel que sirva para transportar correctamente la idea. Desde la construcción de un video, a una instalación, a una performance, un teatro, un juego, un artefacto...

Presentación: Se debe instalar el trabajo en un espacio determinado *a priori,* de manera que la fase de ejecución debe haberse previsto con anterioridad y realizarse *in situ.*

Desarrollo: Esta actividad parte de la película de animación japonesa de Hayao Miyazaki "Mi vecino Totoro" (1988) en el cual a través de un personaje mitológico se muestran temas tan vitales como son la muerte, la enfermedad, el miedo, la tristeza... Totoro es el personaje mitológico y comparte una aventura con dos niñas recién llegadas al lugar.

---

[30] Pautas descritas en el segundo punto; Contextos y propuestas de trabajo

En un primer momento al estudiante se le ofrece el enunciado sin explicar gran cosa para que vaya sacando sus propias conclusiones, a medida que va leyendo y desmembrando los conceptos de la ficha. Para que la propuesta no lleve al fracaso o al abandono, estas sensaciones se combaten con la aceleración de actividades (marco teórico) que acompañen a la maduración de las posibles soluciones y doten al alumnado de herramientas, técnicas y bagaje cultural para poder tomar decisiones.

Con la presentación del marco teórico se pretende que el alumnado tenga una información más amplia de las posibilidades técnicas y conceptuales que puede tener su propuesta artística.

Una vez presentada la ficha didáctica con sus correspondientes requisitos y el contenido teórico, cuya prioridad era mostrar medios y formatos distintos para afrontar el tema, el paso siguiente es la realización del taller donde a través de las tutorías los estudiantes pueden plantear sus dudas y preguntas al profesorado. Una vez resueltos los problemas técnicos y conceptuales de cada propuesta, en el periodo aproximado de cinco semanas se llevará a cabo la presentación en el aula de las piezas. El alumnado de quinto de infantil acudirá con sus respectivos profesores/as a visitar en vivo y en directo la puesta en escena de los distintos personajes, creando un ambiente festivo y participativo donde observan y experimentan modos distintos de plasmar un personaje mitológico. Rompiendo con las ideas iniciales y tan arraigadas que el estudiante de infantil ya tiene sobre la mitología y sus personajes.

Para concluir la asignatura el alumnado debe de realizar una pequeña prueba que consiste en completar un cuestionario con las siguientes preguntas:

- ¿Cómo has aprendido y qué has aprendido?

- ¿En qué te han ayudado las bases teóricas?

- ¿Qué dirías que has mejorado o cambiado en la didáctica del arte/plástica?

De esta manera el estudiante reflexiona sobre lo ocurrido en la asignatura, sobre sus conocimientos previos y los que ha ido adquiriendo a lo largo de la experiencia vivida en la asignatura, sobre su propia concepción de la didáctica del arte y el cambio de percepción que sufre ante temas y procedimientos que no hubiera incluido en una asignatura de arte.

5. El *Stop Motion* como herramienta de trabajo

El taller de *Stop Motion* realizado en Tabakalera, Centro internacional de Cultura Contemporánea de Donostia/San Sebastián, era una de las propuestas planteadas dentro del marco teórico descrito anteriormente. Este centro cuenta con una biblioteca de creación, Ubik; es una biblioteca en la cual pueden crearse contenidos, y a ello están dirigidos tanto los contenidos como los medios materiales. Para afrontar esa idea inicial donde la construcción del personaje mitológico estaba en proceso, nos pareció una buena idea incluir un recurso técnico vinculado con una tecnología que la mayoría de nosotros/as tenemos a nuestro alcance y está tan integrada en nuestro día a día como es la tablet como herramienta de trabajo.

A través de un programa sencillo de edición de video y plastilinas de colores, nuestros estudiantes debían de crear una historia, en un escenario, donde los personajes de plastilina generaban una acción y dicha acción era grabada plano por plano creando una pequeña narración en movimiento. Parecía una actividad totalmente diseñada para nuestro propósito que era crear un personaje mitológico.

El taller aplica la práctica como metodología, no requiere conocimientos previos, sencillamente el participante empieza a trabajar de inmediato.

Nuestros alumnos/as se dividieron en pequeños grupos y comenzaron a pensar en un guion donde debían crear una historia con sus respectivos protagonistas. Los personajes eran moldeados con plastilina y una vez preparado el escenario iniciaban la grabación con una tablet. Cuánto más fotos almacenaban mayor era la sensación de movimiento. El taller implicaba trabajo en grupo mientras unos moldeaban otros editaban. Es una técnica sencilla que tiene resultados muy vistosos. Los alumnos/as quedaron triplemente satisfechos por el conocimiento adquirido, por el producto creado y finalmente por poder incluir un nuevo recurso de enseñanza con sus futuros alumnos/as de infantil.

El trabajar con un recurso ya conocido como es el modelado en plastilina ayudó a comenzar el taller. El trabajo en grupo alrededor de una mesa dio lugar al diálogo y permitió concretar la temática y la acción que querían llevar acabo mientras los pequeños personajes de plastilina iban tomando forma. Cuando llegó el momento de la grabación prácticamente todos los grupos sabían qué y cómo lo querían mostrar. El proyecto requería un consenso por parte de los miembros del grupo y una puesta en escena de lo acordado. Además de aprender una nueva técnica tuvieron la oportunidad de trabajar un proyecto de principio a fin, en un periodo de tiempo muy limitado y con el *hándicap* de tener que trabajar en grupo. Poder ver en movimiento y en pantalla a los pequeños personajes creados manualmente por ellos mismos aportó seguridad en el estudiante y fuerzas para encarar el proyecto final.

Figuras 1 y 2: "Proceso de construcción del stop motion" y "Proceso de grabación del stop motion" 2017. Fuente: Coleeción de las autoras

De estas pequeñas narraciones surgieron varias ideas que fueron aplicadas en el proyecto final. Un ejemplo de ello es el stop motion "Akelarrea" que surgió con la necesidad de trabajar el personaje de las brujas en la mitología vasca.

Otro grupo decidió crear su personaje mitológico y presentarlo en relación a un breve relato visual creado con stop-motion. En el trabajo se les pedía trabajar en torno a un personaje mitológico, pero desde la mirada actual. Este grupo, vinculó la historia del personaje mitológico a la aplicación móvil Siri, y consideró oportuno proponer un relato digital a partir del cual presentar quién era y qué capacidades tenía el personaje.

El conocimiento de este recurso técnico aportó a varios alumnos la oportunidad de aplicar el *stop motion* en otras disciplinas como son las matemáticas.

Figura 3: Secuencias del Stop motion "Akelarrea". Fuente: Coleección de las autoras

Uno de los grupos, regresó a la biblioteca UBIK para realizar una narración visual para presentar a su personaje mitológico y construir un contexto. Pensamos que el aprendizaje es aquel que nos permite trasladar lo aprendido a otro lugar de aprender diferente. Acercar a los estudiantes a diversos recursos de comunicación consideramos que puede ser ofrecer una oportunidad de establecer relaciones entre los recursos y las ideas. Como docentes aspiramos a agitar los pensamientos de los alumnos y alumnas, pero si conseguimos establecer relaciones entre los recursos a su alcance e ideas planteadas desde una mirada crítica, consideramos que nos acercamos a una verdadera experiencia de aprendizaje de la que hablábamos en el punto uno.

Figura 4: Este fragmento de fotogramas del relato visual que editan las estudiantes, narra la historia de Txispi, el personaje ficticio mitológico que sale de una chispa eléctrica. Fuente: Coleeción de las autoras

Cuando se plantea una nueva propuesta de trabajo se activan varios recurso o estrategias de aprendizaje. Por un lado, para nosotras era importante ofertar un trabajo fuera de los límites de nuestro centro donde profesionales de la materia podían aportar información adicional y así enriquecer nuestras materias y ampliar nuestro campo de acción. Por otra parte, con este tipo de actividades, al ser ejercicios pensados para ser realizados en un periodo muy corto se activan nuestros conocimientos adquiridos y la intuición como recurso para poder asimilar la nueva información obtenida.

Como formadoras de profesorado creemos que es mucho más efectivo dar una teoría que se asimila desde la práctica y en consecuencia nos mantiene alerta y con ilusión hacia lo desconocido.

6. Conclusiones: Desmontar las narrativas escolares desde propuestas artísticas

Para dar comienzo a la asignatura, antes de presentar el enunciado principal, dimos a los estudiantes un texto de Luis Camnitzer, *"La enseñanza del arte como fraude"*[31] donde el autor reflexiona sobre el proceso de educación

---

[31] Texto de la conferencia del artista en el marco de su exposición en el Museo de Arte de la Universidad Nacional. Bogotá, marzo de 2012.

de los artistas y sobre el error de vincular el arte con un medio de producción. Esta primera lectura nos permitió debatir e intercambiar opiniones en torno a la pregunta sobre ¿cómo se enseña el arte? y ¿cuál debería de ser la actitud y el papel del docente ante la enseñanza del arte? Un tema que a muchos docentes nos preocupa y nos llena de nuevos interrogantes y que intentamos compartir con nuestro alumnado en su rol de futuros docentes, buscando instalar en ellos un conocimiento crítico, un pensar pedagógico desde el arte y un gran esfuerzo por debilitar lo estable desde lo inestable.

En palabras de L. Camnitzer (2012) "Enseñar a tener ideas ciertamente requiere bastante más que transmitir información. El profesor tiene que re-ubicarse y abandonar el monopolio del conocimiento para actuar como estímulo y catalizador, y tiene que poder escuchar y adaptarse a lo que escucha".

El papel del docente como *"catalizador"* o como *"interlocutor* "crea un cambio de rol en las aulas dando mayor presencia al diálogo, a la escucha, a la empatía, a la mirada del otro, a la acción y a la reflexión. Creando una relación menos jerárquica donde el estudiante encuentra un lugar donde expresar y aprender. Donde el docente también aprende de su estudiante. Donde cada conocimiento adquirido encuentra su lugar partiendo de un conocimiento previo.

Camnitzer (2012) divide en tres pasos la educación de los artistas en los que el profesor puede actuar de guía y, más importante, de interlocutor:

1. Plantear y formular un problema creativo interesante
2. Resolver el problema lo mejor posible
3. Enmarcar la solución en la manera más apropiada para expresar y comunicar.

En esta primera "formulación" el docente requiere de valentía para poder plantear un enunciado o un reto lo suficiente atractivo y cautivador para que el estudiante se vea reflejado/da y sea capaz de *"resolver"* el problema. Finalmente, en la *"solución"* pondrá en práctica los conocimientos adquiridos que han sido alcanzados a lo largo de la asignatura.

En palabras de Frenando Hernández en su libro *Espigador@s de la Cultura Visual…* hace referencia a una propuesta educativa en Queensland, Australia donde el currículo es muy breve y lo que los estudiantes deben de aprender está organizado en cuatro ejes temáticos vinculada a unas cuantas preguntas como son:

¿Caminos para la vida y los futuros sociales: ¿Quién soy y adónde voy? ¿Alfabetizaciones múltiples y medios de comunicación: ¿Cómo doy sentido al mundo y me comunico con él? ¿Ciudadanía activa: ¿Cuáles son mis responsabilidades en las comunidades, las culturas y las economías?

¿Entorno y tecnologías: ¿Cómo describo, analizo y configuro el mundo que me rodea? (Hernández, 2007, p. 55)

En esta propuesta educativa se intuye una cierta sensibilidad por parte de los educadores para que el estudiante reflexione sobre su existencia y tenga capacidad de pensar y actuar por sí mismo, aportando al alumnado herramientas para comprender y afrontar su propia vida.

En nuestra asignatura hemos intentado aprender de las experiencias del propio aprendizaje, ejerciendo de guía y ofreciendo la posibilidad de emplear distintos formatos y procedimientos creativos a nuestros estudiantes.

En el cuestionario final que los estudiantes rellenaron como prueba final y a modo de reflexión, se repetían conceptos como:

- Sorprendidos ante la propuesta de actuar con libertad e iniciativa propia ante un reto inicial como es crear un personaje mitológico.

- La falta de costumbre de adquirir la teoría desde la práctica y desde ámbitos distintos.

- La falta de práctica que tenían para buscar recursos y conocimientos fuera del aula.

Para los estudiantes de infantil fue importante que depositáramos en ellos la confianza y la autonomía para poder construir su propio proyecto. Los estudiantes a partir de la indagación y búsqueda desde el arte, han llegado a propuestas diferentes del tema planteado, la mitología. La experiencia creativa con *stop-motion*, les ha permitido elaborar narrativas visuales digitales, acercando a los alumnos a un medio que ya lleva tiempo siendo cotidiano en nuestro día a día, aunque las nuevas tecnologías no tienen por qué ser nuestras únicas herramientas de trabajo sí que se deben de incorporar y dar a conocer en el recinto de nuestras aulas. Aportando una porción de nuestra realidad que cada vez es más virtual, cambiando nuestro modo de vivir y percibir nuestro entorno. La investigación de los temas y la experimentación con *stop-motion*, les ha permitido transformar el proceso en conocimiento y llegar a una propuesta final propia.

Nos gustaría acabar con una cita de M. Acaso en el cual remite en la importancia de dejar abierta la capacidad de transformación que tiene cada propuesta pedagógica:

Aquellos que nos dedicamos a la formación de formadores tenemos la obligación de mostrar a los futuros docentes que otras metodologías son posibles, y quizás esto sea lo más importante de todo, que cada uno de ellos deberá desarrollar una metodología propia que variará en cada acto pedagógico que acometemos. (Acaso, 2013, p. 88)

Referencias Bibliográficas:

Acaso, M. (2013). Reduvolution. Hacer la revolución en la educación. Barcelona: Paidós.

Ballesteros, Pedro (Dir.) (2014). Imprescindibles. Jaume Plensa. 60 mins. Radio Televisión Española, España. Disponible en http://www.rtve.es/alacarta/videos/imprescindibles/imprescindibles-jaume-plensa/2449147/

Barone, T., & Eisner, E. W. (2011). Arts based research. Sage.

Brea, José Luis (2014). El cristal se venga: textos, artículos e iluminaciones de José Luis Brea: análisis y crítica cultural en la España contemporánea. Ciudad de México: Fundación de Arte Jumex

Camnitzer, L. (2012) La enseñanza del arte como fraude

Eisner, Elliot W. (1995). Educar la visión artística. Barcelona: Paidós Ibérica.

Ellsworth, Elisabeth (2005). Posiciones en la enseñanza. Diferencia, pedagogía y el poder de la direccionalidad. Madrid: Akal

Fontcuberta, J. (2016). La furia de las imágenes. Notas sobre la postfotografía. Galaxia Gutenberg.

Gardner, Howard (1994). Educación artística y desarrollo humano. Barcelona: Paidós

Grau, E. (Coor.) Porquer,J. (Ed) (2018). Dimensiones XX. Genealogías comunitarias. Arte, Investigación y docencia. Vol.III. Barcelona: Edicions Saragossa y UB.

Grau, E. (Coord.), Grau, M. (2013) Dimensiones XX. Genealogías femeninas. Arte, Investigación y docencia. Vol.I. Barcelona: Edicions Saragossa y UB.

Grau, E., Porquer, J. (2017). Dimensiones XX. Genealogías de anonimatos. Arte, Investigación y docencia. Vol.II. Barcelona: Edicions Saragossa y UB.

Hernández, F. (2007). Espigador@s de la cultura visual. Barcelona: Octaedro

Hernández, F., Sancho, J.M. y Fendler, R. (2015). Las zonas grises de estudiantes y docentes como acontecimiento: Aprender de lo que nos perturba. REIRE, Revista d'Innovació i Recerca en Educació, 8/2, 360-379. Recuperado de http//revistes.ub.edu/index.php/REIRE/article/view/reire2015.8.28226/17297.

Hernández, Fernando (2003). Educación y cultura visual. Barcelona: Octaedro Recueprado de:			http//esferapublica.org/nfblog/la-ensenanza-del-arte-como-fraude/

Miyazaki, Hayao (Dir.) (1988). Mi vecino Totoro. 86 mins. Studio Ghibli, Japón

Porres Pla, A. (2012). Relaciones pedagógicas en torno a la cultura visual de los jóvenes. Octaedro.

Rodari, G. (2006). Gramática de la fantasía. Introducción al arte de contar historias. Booket.

Stenhouse, L. (2017) La investigación como base de la enseñanza. Madrid: Morata.

Žižek, Slavoj (2014). Acontecimiento. Madrid: Sexto Piso

BIOGRAFÍAS AUTORES
(por orden de aparición)

Dr. Martín Caeiro Rodríguez

Doctor en Bellas Artes (2008, Universidad de Vigo); Licenciado en Bellas Artes (2003) y Diploma de Estudios Avanzados en el Programa interdepartamental "La ciudad de los espejos" (2005) en la Facultad de Bellas Artes de Pontevedra, desde el año 2013 forma parte del Claustro de profesores de la Facultad de Educación de la Universidad Internacional de la Rioja (UNIR) donde dirige el Departamento de Didáctica de las Artes Plásticas y Visuales de la Facultad de Educación. Ha sido Gestor de Investigación del Grupo Modos de Conocimiento Artístico Contemporáneo (MODO) de la Facultad de Bellas Artes de Pontevedra (2008) y cuenta con una amplia experiencia como profesor de Educación Secundaria por la especialidad de Dibujo en la ESO y Bachillerato. Ha sido miembro del Panel de Expertos y evaluadores externos de Proyectos del Programa Erasmus+ en el Servicio Español para la Internacionalización de la Educación (SEPIE, 2015) y ha participado en diferentes proyectos de investigación financiados en convocatorias públicas como los proyectos "La investigación transversal y la práctica del cruce metódico" (Xunta de Galicia), "Experimento 1: explorando la interfase (FECYT, Instituto de Investigaciones Marinas de Vigo). Actualmente dirige el Grupo de investigación de la Universidad Internacional de La Rioja: "TESERACTO: Grupo de Artes Plásticas, Culturas Visuales y Educación", con varias líneas de investigación y creación centradas en la epistemología plástica y visual, el pensamiento visual, Blended-Learning y creación artística. martin.caeiro@unir.net

Dr. Alfonso da Silva López

Doctor en Artes y Humanidades por la Universidad de la Rioja (2016), Máster en E-Learning y Redes Sociales por la Universidad Internacional de La Rioja (2013), licenciado en Bellas Artes por la Universidad de Vigo (2003). Miembro del claustro de profesores de la Universidad Internacional de La Rioja (UNIR) desde el año 2010, donde imparte formación artística en los Grados de Maestro en Educación Infantil y Primaria y en el Máster Universitario en Formación del Profesorado de Educación Secundaria. Ha compaginado la docencia con estancias de investigación en centros internacionales, entre las que destacan la estancia artística en Pekín (China) en dos oportunidades (una en 2010 y otra en 2013), realizando un estudio de la cultura china para la creación de una serie de obras artísticas inspiradas durante estas visitas. Su investigación plástica, con una trayectoria expositiva iniciada en el año 1998, se ve compaginada por su estudio en el ámbito de la enseñanza artística online, incorporando el uso de tecnologías digitales y estudiando su impacto sobre los programas educativos de museos y centros de arte contemporáneo. Actualmente es miembro del Grupo de investigación de la Universidad Internacional de La Rioja: "TESERACTO: Grupo de Artes Plásticas, Culturas Visuales y Educación", con varias líneas de investigación y creación centradas en la epistemología plástica y visual, el pensamiento visual, Blended-Learning y creación artística. alfonso.dasilva@unir.net

Dra. Irma Fuentes Mata

Doctora en Humanidades y Artes (2007, UAZ), con Maestría en Educación e Investigación Artísticas (1996, INBA), Licenciada en Pedagogía (1990, UNAM) Investigadora de arte y educación, promotora cultural, y docente en diversas instituciones de educación superior en México. Cursó diplomados en historia del arte, cultura, museología y gestión cultural. Es autora de articulos y libros de educación artística e investigación del arte como El diseño Curricular en la Danza Folclórica (1995), Integrar la Educación Artística. Política Cultural, Integración Curricular y Formación Docente Colectiva. (2004). Creación y Expresión en el Museo de Arte Abstracto Manuel Felguérez, (2010) y coordinadora de los libros Del Arte a la docencia del arte (2014) Investigar el arte, testimonios protocolos y proyectos de investigación artística (2015),

Trama y urdimbre entre la investigación y la creación artística (2015) Metodologías de la formación artística. (2017). Sus recientes líneas de investigación se relacionan con artes pláticas y visuales sobre el uso de las tecnologías de aprendizaje y conocimiento para la formación y creación artística, así como metodologías de la investigación y formación artistica. Es fundadora de la Red Internacional de Investicreación Artística. ifuentesmata@msn.com

Dra Ana María Martín López

Doctora en Ciencias de la Información (1999, Universidad Complutense de Madrid); Licenciada en Ciencias de la Imagen Visual y Auditiva (1994, Universidad Complutense de Madrid). Posgrado en Periodismo Digital (2007, Universidad Oberta de Catalunya). Máster en Liderazgo y Dirección de Centros Educativos (2013, UNED). En el año 2000 se incorpora al Claustro de Profesores de la Universidad SEK, Segovia, para programas de Grado y Posgrado, obteniendo la valoración de "excelente" en el programa Docentia. En 2002 es nombrada Directora del Departamento de Comunicación de dicha universidad, cargo que ostenta hasta su nombramiento, en 2009, como Student Office Director. En este periodo, publica un libro de investigación financiado por el Ministerio de Cultura titulado "Historia de la Real Sociedad Fotográfica: voluntad de fotógrafos". Tras ello, la Real Sociedad Fotográfica cuenta con ella como asesora histórica y, fruto de esa relación e investigación en sus fondos, publica varios artículos en revistas académicas, imparte conferencias sobre historia de la fotografía y es comisaria de varias exposiciones que han formado parte de la programación del Festival Internacional de Artes Visuales (PhotoEspaña) entre 2006 y 2017. En la actualidad, forma parte del Claustro de la Universidad Internacional de La Rioja (UNIR) impartiendo docencia relacionada con la comunicación en sus programas de Máster en Liderazgo y Dirección de Centros y Máster en Formación del Profesorado de Secundaria de la Facultad de Educación. anamaria.martin@unir.net

Dra. Mª Victoria Márquez Casero

Doctora en Investigación e innovación educativa (Universidad de Málaga, 2017). Licenciada en Bellas Artes por la Universidad de Málaga (2009). Diplomada en Educación General Básica en la especialidad de Educación Preescolar (Universidad de Málaga, 1988). Maestra Especialidad en Educación Musical, por la Universidad de Málaga (1997). Comenzó su carrera docente En E. Infantil y posteriormente continuó en Educación Primaria como especialista en Educación Artística: (Musical y Plástica). Actualmente continúa trabajando como profesora de Educación Secundaria y Bachillerato y como profesora en la Facultad de Ciencias de la Educación de Málaga en el Departamento de Didáctica de las Lenguas las Artes y el Deporte, en el Área de Conocimiento de Didáctica de la Expresión Plástica. Colabora con la Universidad Internacional Iberoamericana (UNINI) de México y con la Universidad Internacional Iberoamericana de Arecibo, Puerto Rico (EE.UU.) Evaluadora de la Revista Complutense de Educación de la Universidad de Madrid, (UCM). Formando parte del grupo de investigación Hum816 Arte y Literatura, de EFOPEM, así como de diversos Proyecto de Innovación Educativa Pertenecientes a la facultad de Ciencias de la Educación. Organizando y realizando exposiciones artísticas con el alumnado de dicha facultad, y proyectos artísticos expositivos, así como el Proyecto y obra: Instalaciones Artísticas. Pertenece a la Asociación 09, (Asociación Nacional de Profesorado de Dibujo, Artes Plásticas y EPV). Desarrollando en paralelo su carrera como pintora participando en exposiciones y muestras artísticas. Su obra se encuentra presente en diversos Museos. Pertenece actualmente al grupo del grupo Das Atelier del Museum Jorge Rando de Málaga. victoriamarquez@uma.es

Esther Pérez-Femenía

Licenciada en Ciencias de la Información (Periodismo) por la Universidad Complutense de Madrid, Máster en Educación y Tecnologías de la información y la Comunicación por la Universidad de Alicante y Especialista universitario en Educación multimedia por la UA. Máster en DirCom por la UCAM de Murcia Ha trabajado en Radio Altea, el diario INFORMACIÓN y en el Gabinete de Prensa del Ayuntamiento de Calpe. Actualmente es Profesora de Secundaria y Bachillerato de la Generalitat Valenciana, en el IES Mediterrània de Benidorm (Alicante). Y doctoranda del Programa de la Facultad de Empresa, Economía y Sociedad en la Universidad de Alicante, en la linea de investigación"Comunicación, Comportamiento y Sociedad".

Dra. Mar Iglesias-García

Doctora por la Universidad de Alicante y Especialista Universitaria en Aplicaciones Educativas de las Tecnologías de la Información. Licenciada en Ciencias de la Información (Periodismo) por la Universidad Complutense de Madrid. A lo largo de 10 años trabajó a la Radio Autonómica Valenciana (Radio Nueve) y colaboró en varias publicaciones como Expansión, Diario Médico, Gaceta Universitaria i El Periódico, entre otros. En el actualidad es profesora Contratada Doctora del Departamento de Comunicación y Psicología Social, y Directora del Secretariado de Promoción Cultural y Lingüísitca de la Universidad de Alicante. En investigación, ha formado parte de tres proyectos I+D+I financiados por el Ministerio de Ciencia y Tecnología: "Convergencia digital en los medios de comunicación en España – Contenidos" (2006-2009), "La evolución de los cibermedios en el marco de la convergencia digital. Análisis del mensaje" (2010-2012) y "Audiencias activas y periodismo. Interactividad, integración en la web y buscabilidad Información" (2012-2015). Desde el 2010, coordina el proyecto "Red Comunic@ndo", financiado por el Instituto de Ciencias de la Educación de la Universidad de Alicante y dirige el ciberperiòdic comunicandoua.com de los alumnos de Publicidad y RRPP

Dra. Mª Dolores Callejón-Chinchilla

Doctorado Internacional por la Universidad de Jaén (2012). Suficiencia investigadora por el Programa de doctorado Interuniversitario Educación artística, aprendizaje y enseñanza de las artes visuales (Universidad de Sevilla, 1998). Licenciada en Bellas Artes (Universidad de Granada, 1991). Actualmente profesora en la Universidad de Jaén y Secretaria del Departamento de Didáctica de la Expresión musical, plástica y corporal. Doctor activo del grupo de investigación "Estudios en sociedad, artes y gestión cultural" (Junta de Andalucía), siendo mis líneas de trabajo, en general, la educación artística y la acción social por medio de las artes. Experiencia docente en los distintos niveles educativos, incluyendo la formación continua, la educación no formal y la intervención social. A nivel de postgrado, además de impartir docencia he coordinado asignaturas de Máster como *Metodología de investigación en el campo artístico* y *Educación estética, creación y sociedad. Retos y tendencias*; *Aprendizaje y Enseñanza de Dibujo, Imagen y Artes Plásticas* e *Innovación docente e iniciación educativa*. He coordinado la revista *Red Visual. Revista de Educación artística y cultura visual*, formo parte del equipo editorial de la revista *Arte y movimiento* y de *SocialArt Ediciones*. Soy Vocal del Colegio Oficial de Doctores y Licenciados en Bellas Artes de Andalucía y pertenezco a E@: Red de artistas-docentes en clave 3.0. de Artistas Docentes, la Red Ibero-Americana de Educación Artística y a la International Society of Education through Arts. callejon@ujaen.es

Dr. José Pedro Aznárez López

Doctor en Bellas Artes (2010, Universidad de Sevilla); Licenciado en Bellas Artes (1993) y Licenciado en Historia del Arte (2004). Maestría en Intervención Socioeducativa en Ámbitos comunitarios: la Animación Sociocultural (Título propio Univ. Pablo de Olavide, 2012) y formación en Psicoterapia Gestalt y Bioenergética (CPH Málaga, 2014). Por oposición y desde 1994 es profesor de Artes Plásticas y Diseño, habiendo desempeñado su labor docente en la Escuela de Arte León Ortega (Huelva) y en la Escuela de Arte de Sevilla, en la que actualmente es miembro del Departamento de Volumen. Desde diciembre de 2006 trabaja también como profesor asociado en la Universidad de Huelva (Dpto. Didácticas Integradas, área Didáctica de la Expresión Plástica). Entre 2003-2009 fue asesor de formación permanente del Centro del Profesorado de Sevilla. Ha participado en la coordinación y/o dirección de numerosas acciones formativas y/o culturales y en diversos grupos de trabajo y proyectos de investigación. Fue co-director de la revista digital "Red Visual" (fundada en 2004) en sus primeros años y hasta el cese de su publicación (2014) miembro del equipo editorial. Está adscrito al Grupo de

Investigación de la Universidad de Sevilla HUM 337 y junto a la didáctica, sus intereses académicos presentes se focalizan especialmente en la complejidad y los procesos de construcción de la realidad, la experiencia y la subjetividad, con especial atención al papel de lo visual y de la experiencia estética. Como artista plástico ha realizado cuatro exposiciones individuales (1992-2001) y participado en numerosas colectivas (1991-2018).

Dra. Alaitz Sasiain Camarero-Núñez

Doctora en Bellas Artes (2012, Universidad de Barcelona); Licenciada en Bellas Artes (2000) y Diploma de Estudios Avanzados en el Departamento de Escultura "Tiempos y lugares en la Escultura Contemporánea" (2003) en la Facultad de Bellas Artes de la UB. Desde el año 2007 hasta el 2017 ha sido profesora asociada en la Facultad de Bellas Artes de la UB en el Departamento de Escultura. Ha participado en diferentes proyectos de investigación e innovación docente como el proyecto de investigación en los ámbitos de las humanidades y las ciencias sociales La pràctica Arranjada (Cód.042026) en la UB (2007-2009). Ha participado en el proyecto de mejora e innovación docente "Escultura I: Memoria de una experiencia en estrategia docente" Cód. 2007 PID-UB/32 y "Escultura I" Cód. 2007 PID-UB/072. Ha sido miembro del grupo de Innovación Docente consolidado GIDC-ODAS Observatorio sobre la didáctica de las artes. Código: GINDOC-UB/103 (2007-2016). Es miembro del grupo de trabajo Aps-UB ICE, proyecto de innovación docente Compartir Ideas. Conferencias-Taller de los y las estudiantes de la UB. Código: 2015 PID-UB/150 y del grupo de innovación docente ATESI (Arte, territorio, Estrategia Docente, Sostenibilidad e Intervención Social- GINDO UB/162. Actualmente es profesora en la Facultad de Educación, Filosofía y Antropología en el Departamento de Didáctica de la expresión musical, plástica y corporal en la UPV/EHU en San Sebastián y miembro del grupo de investigación ARTikertuz, "Repensar la experiencia artística desde la relación universidad-escuela para la transformación docente, un enfoque narrativo" (EHU14/24). alaitz.sasiain@ehu.eus

Dra. Estibaliz Aberasturi-Apraiz

Estibaliz Aberasturi-Apraiz es licenciada en Bellas Artes (1994) y Doctora en Ciencias de la Educación, sección pedagogía (2009) por la Universidad del País Vasco, UPV/EHU. Profesora titular de universidad e investigadora de la Facultad de Educación, Filosofía y Antropología de San Sebastián, UPV/EHU desde 1995. Es profesora en los grados de Educación Infantil y Primaria, e imparte también docencia en el Máster de Psicodidáctica de la UPV/EHU y dirige tesis doctorales en el programa de doctorado Investigación en Arte Contemporáneo y Psicodidáctica. Su trayectoria investigadora y docente está asociada principalmente a la formación del profesorado, la innovación pedagógica y la investigación y aprendizaje de las artes visuales en contextos educativos. Es miembro del grupo de investigación consolidado ELKARRIKERTUZ (IT887-16) donde participa como investigadora en diferentes proyectos de investigación desde el año 2000. También es miembro de la red GIZARTE, Red Vasca de Educación Artística para la Transformación Social de Unesco Etxea, investigadora principal (EHU15/24)en el proyecto "Repensar la Expresión Artística desde la relación universidad-escuela", con el acrónimo ARTikertuz (artikertuz.es). Le interesa la investigación a partir de métodos artísticos que nos permitan un desplazamiento de las tesis investigadoras que nos lleve a estudiar la realidad desde diferentes perspectivas para una mejora educativa. Actualmente se encuentra implicada en el desarrollo del proyecto I+D "Como aprenden los docentes de infantil y primaria: Implicaciones educativas y retos para afrontar el cambio social" (EDU2015-70912-C2-2-) donde trabajamos con métodos investigación artísticos. estitxu.aberasturi@ehu.eus orcid.org/0000-0001-7827-0850

*Este libro se terminó de elaborar en septiembre de 2018
en la ciudad de Sevilla, bajo los cuidados de
Francisco Anaya, director de Ediciones Egregius.*